잊혀진 동아시아
외교사 전문가들

·

구미 출신 동아시아 연구자의 생애와 저작

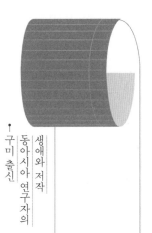

생애와 저작

동아시아 연구자의

구미 출신

한림대학교
한림과학원
개념소통
자료시리즈

잊혀진 동아시아
외 교 사
전문가들

김용구 지음

푸른역사

이 저서는 2018년 대한민국 교육부와 한국연구재단의 지원을 받아 수행된 연구임 (NRF-2018S1A6A3A01022568).

책을 내며

동아시아 3국은 지난 두 세기 동안 서양 문명의 확산 과정에서 상호 갈등과 충돌을 경험하였습니다. 또한 한국은 전통의 해체, 제국주의 지배, 이념 갈등과 분단, 산업화와 민주화를 숨가쁘게 경험하였습니다. 동아시아와 한국인의 정신 구조에는 전통의 그림자, 굴절된 서유럽의 개념, 스스로 창조한 근대와 탈근대의 경험이 공존하고 있는 것입니다. 그 분열과 이질성을 극복하는 것은 정치, 경제의 접근만으로는 가능하지 않으며 정신, 문화의 접근이 동시에 수반되어야 합니다.

한림대학교 한림과학원은 2007년과 2018년에 한국연구재단의 '인문한국HK 사업' 및 '인문한국플러스 사업'의 수행 기관으로 선정되었습니다. 한림과학원의 연구 아젠다는 '동아시아 기본개념의 상호소통'과 '횡단, 융합, 창신의 동아시아 개념사'입니다. 두 사업은 근대 이후 동아시아 학문, 사회, 생활의 심층에서 작용한 개념들이 정립되는 과정을 다양한 층위에서 분석하고 이를 통해 상호 이해와 소통의 가능성을 넓히는 작업입니다. 그 귀착지는 동아시아 공동체를 향한 문화 자산의 축적이 될 것입니다.

한림과학원은 인문한국 및 인문한국플러스 사업 성과로서 《한국개념사총서》(정치사회·일상·현대·조선 편), 《디지털 인문학총서》, 《개념소통 연구시리즈》, 《개념소통 번역시리즈》, 《개념소통 자료시리즈》, 《개념소통 교양시리즈》 및 학술지 《개념과 소통》, 《東亞觀念史集刊》(국립대만정치대학교 공동) 등을 발간하고 있습니다.

《개념소통 자료시리즈》는 동아시아 개념 연구에 기초가 되는 근대의 주요 문헌들을 선정하여 소개하기 위해 기획되었습니다. 그간 근대 동아시아에서 이루어진 서양 문헌의 번역본, 동아시아에서 지식의 이동을 보여주는 저작, 서양 지식을 동아시아에 전달하고 소개한 저작 등을 해제하는 《동아시아 개념연구 기초문헌 해제》 I·II·III을 순차적으로 발간한 바 있습니다.

금번에 발간하는 자료시리즈는 동아시아 외교사 연구의 초석을 놓은 20세기 전반기의 구미 학자 5인에 대한 소개

서입니다. 이들은 방대한 자료 정리, 사회와 학계에서의 활발한 활동으로 무엇보다 뛰어난 학문 성과를 남겼지만 국내 학계에는 아직 생소한 실정입니다. 저간의 사정은 잘 모르지만, 시공간의 거리도 있을 것이고, 무엇보다 불어, 러시아어로 쓰여진 자료에 낯선 국내 학계의 허약함도 한 원인이 아닐까 합니다. 이들에 대한 소개는 구미의 언어 및 자료에 두루 해박한, 이제는 만나보기 힘든 통유通儒가 아니면 엄두를 내기 어려운 작업일 것입니다.

본서의 저자는 2005년부터 2019년까지 한림과학원의 원장으로 재직하며 한림과학원의 인문한국 사업을 정초定礎하고 한결같이 이끌어온 김용구 선생님입니다. 개념사 이전에 국제정치학의 권위자로 명성이 높은 선생님은 이 역저를 통해 후학을 위한 안내와 함께, 학문에 대한 식지 않는 열정을 보여주었습니다. 학문 방면에서는 여전히 역강力强한 선생님의 건강을 빌며, 모쪼록 이 저서가 동아시아 개념사 연구에 보탬이 되길 희망합니다.

한림대학교 한림과학원
원장 이경구

• 책을 내며 5

I

빅터 키어넌

Edward Victor Gordon Kiernan

• 생애 14
• 《영국의 중국 외교 1880~1885》(1939) 18
• 《피압박 인류의 주인들, 제국주의 시기 다른 문화에 대한
   유럽의 태도들》(1969) 30
• 연구 목록 32

II

알렉세이 레온티에비치 나로치니츠키

Aleksei Leontevich Narochnitskii

• 생애 38
• 《극동에서 자본주의 열강의 식민정책(1860~1895)》(1956) 39
• 《19세기와 20세기 초 러시아의 대외정책》(1980~1985) 58
• 연구 목록 61

블라디미르 엠마누일로비치 그라바르

Vladimir Emmanuilovich Gravar

III

- 생애 70
- 업적 71
- 러시아 외교사 연구 목록 88
- 부록 1 그라바르 교수 서문 96
- 부록 2 그라바르 저서 《Materialy》의 총 목차 101

앙리 코르디에

Henri Cordier

IV

- 생애 114
- 업적 117

H. B. 모스

Hosea Ballou Morse

V

- 생애 142
- 업적 143

- 주석 174

I

빅터 키어넌

Edward Victor Gordon Kiernan[1]

필자는 1971년 연구를 위해 일본으로 떠나면서 그곳에서 조사 자료 271건을 작성한 바가 있었다. 키어넌의《영국의 중국 외교 1880~1885》(1939)도 그중에 포함되어 있었다. 2001~2013년에 집필한 필자의 여러 저서에서도 그의 연구를 인용하였는데 그때까지만 해도 그저 통상적인 차원의 교수로만 여겼다.

최근 필자는 키어넌의 삶과 업적들을 보고는 크게 놀라지 않을 수 없었다. 그의 천재적 업적과 열정적인 연구열을 새삼 깨달았기 때문이다. 게다가 그는 세계 학계에서 처음으로 한국 문제에 관한 영국의 미간행 외교문서를 파헤치기도 했다. 한국 학계에서 특히 그를 잊을 수 없는 이유이다.

생애[2]

빅터 키어넌(1913~2009)은 세계 학계에서 역사, 사상, 문학을 넘나드는 가장 뛰어난 교수의 한 사람으로 알려져 있다. 본서에 소개한 '업적 목록'의 연구들을 한번 훑어보기만 해도 그의 천재성을 알 수 있다.

그는 영국 맨체스터 남부 지역의 애슈턴-온-머시Ashton-on-Mercey 출신으로, 애국적인 조합교회Congregationalist Church 가정에서 태어났다. 부친은 맨체스터 선박 운하 회사Manchester Ship Canal Company의 외국 주재 신문기자로 활동하면서 스페인어, 포르투갈어의 통역을 담당하였다. 키어넌의 외국어 능력은 부친으로부터 물려받은 재능이었다.

키어넌은 유럽의 현대 언어들, 그리스와 라틴의 고전 언어는 물론이고, 페르시아어와 파키스탄의 공용어이자 현재도 5억의 인구가 사용하고 있는 어듀Urdu어의 전문가였다. 키어넌은 어듀어에 관심이 있었지만 당시 영국에 거주하는 이들은 대부분 영국화英國化되어 있어서 어듀어를 배울 수 없었다. 다만 벵갈Bengal 출신의 젊은이들만이 어듀어로 쓰인 현대적인 시詩들을 읽고 있었다. 키어넌은 그들을 통해 어듀어를 배웠고 나중에 인도에서 더욱 심화시켰다. 키어넌은 이크발Iqbal, Mahomed(1873~1938)의 어듀어 시를 1947년에, 파키스탄의 좌파 시인 페이즈Faiz, Ahmad(1911~1984)의 어듀어 시를 1958년에 영어로 번역하였다.

키어넌은 맨체스터 중학교를 거쳐 1931년에 캠브리지 트리니티Trinity대학에 입학하였다. 1933년에 이 대학에서 발간하는 잡지에 카펫Carpet에 관한 글을 생애 처음으로 발표하였다. 1934년에 역사학의 우수 학생으로 졸업하면서 4년 동안의 연구원 자격을 획득하였다.

이 대학에 재학하면서 마르크스주의에 매료되었고 인도 학생들과 가깝게 교류하였다. 1934년에는 공산당에 입당하였다. 훗날의 일이지만 그는 1956년 헝가리 혁명에 대한 소련의 무력진압을 계기로 공산당을 떠난다.

키어넌은 1938년에 인도 여행을 결심하고 인도로 떠났다. 인도로 떠나는 그의 가방 속에는, 이 책에서 후술할, 저명한 저서 《중국에 관한 영국의 미간 외교문서》(1939) 초고가 있었다. 그는 1946년 7월까지 8년 동안 인도에 체류하였고, 라호르Lahore 지역에 있는 시크Sikh 학교와 애치슨Aitchison 단과대학에서 교편을 잡았다. 1946년 어듀어로 쓰인 이크발과 페이즈의 시에 대한 영원한 존경을 안고 영국으로 귀국하였다.

영국에 돌아온 키어넌은 직장을 구하기 힘들었다. 바야흐로 냉전 시기였고 마르크스주의자였기 때문이었다. 그러나 에든버러대학에 영향력이 있었던 리처드 패레스Richard Pares의 적극적인 추천으로 강사 자리를 얻을 수 있었다. 패레스는 키어넌의 1939년 저서에 깊은 감명을 받은 바 있었다.

키어넌은 1966년에 《1854년의 스페인 혁명》, 1969년에 《제국주의 시대에 유럽인들의 외부 세계에 대한 태도에 관한 연구》를 출간하였다. 1969년의 저술을 발표한 이듬해에 그는 에든버러대학 교수가 되었다.

키어넌이 영국의 공산주의 역사학 그룹의 주요 회원이었다는 것은 잘 알려진 사실이다. 저명한 학자들로 구성된 이 그룹은 유럽 대륙에서는 그 형성이 불가능하였고 영국이라는 특수한 지역에서만 발전할 수 있었다. 에릭 홉스봄Eric Hobsbawm이 일례이다. 이집트에서 출생한 홉스봄은 빈, 베를린에서 소년기를 보내고 1933년 히틀러가 등장하자 런던으로 갔다. 훗날 그는, 1930년대 영국은 마르크스주의 역사학이 발전한 드문 국가 중 하나이며 자신이 만일 대륙에 남아 있었다면 이 방면의 연구를 할 수 없었을 것이라고 회고록에서 밝혔다.[3]

에릭 홉스봄, 크리토퍼 힐Christopher Hill, 존 새빌John Saville, 에드워드 톰슨E. P. Thompson, 빅터 키어넌과 같은 저명한 학자들로 구성된 이 그룹의 특징은 두 가지로 요약할 수 있다. 첫째, 역사의 흐름을 대중의 삶에 대한 분석으로 시작하고 있다는 점, 둘째, 기본적으로 세계사를 중시했다는 점이다. 19세기 구미 역사학계는 유럽과 미주 지역 분석에 국한되어 있었다. 그러나 홉스봄, 키어넌에서 보는 바와 같이 이들은 전 세계의 문제를 역사적으로 바라보는 시각을 지닌 학자들이었다.[4] 키어넌이 이들 중에서도 가장 폭넓은 세계사 학자였다. 이 점이 필자가 특히 키어넌에 주목한 이유이기도 하다.

이 그룹의 많은 회원들이 1956년 헝가리 사태에 대한 소련의 군사 개입을 계기로 그룹을 탈퇴하였다. 그러나 홉스봄과 키어넌은 계속 그룹에 남아 있었다. 키어넌은 좌파와 우파가 공동으로 1952년에 창간한 《과거와 현재*Past and Present*》의 편집인을 1973년부터 10년 동안 담당하였다. 1991년 영국 공산당이 해체되자 공산주의 역사학 그룹은 1992년 '사회주의 역사학회Socialist History Society'로 개명하였다.

《영국의 중국 외교 1880~1885》(1939)

왜 중국 관련 영국의 미간 외교문서인가?

키어넌이 자신의 전공과는 거리가 먼 영국의 외교문서 검색을 시작한 것은 의외의 일이었다. 작업 기간도 1934~38년으로 매우 짧았다. 그러나 그는 철저하게 작업을 진행하였다. 특히 FO. 17(1906년 이전 중국에 관한 일반문서), FO. 46(1906년 이전 일본에 관한 일반문서)은 물론이고 중국 관련 모든 미간 문서를 철저히 분석하였다.

당시 학계에 소개되지 않은 영국의 미간 외교문서들이 상당한 분량인데 키어넌이 세계 학계에 처음 알린 것이다. 이들을 본서에서 소개한다.

키어넌은 이 분야의 연구에 매진하게 된 연유를, 1970년 뉴욕 옥타곤Octagon 출판사에서 재간된 책의 서문Foreword to the Octagon Edition에서 자세하게 밝혔다. 이 서문은 키어넌의 저서가 나오게 된 과정을 이해하는 데에 매우 중요하므로 여기에 소개한다.

(1939년의) 이 작은 책은[5] 1934~38년에 캠브리지대학 연구원이 되기 위해 논문을 준비하는 과정에서 집필하였다. 과거 문제에 관해 내가 처음으로 연구한 글이다.

당시 유럽은 격동기였다. 이탈리아의 에티오피아 점령으로부터 시작해 중국은 내란 중이었고 일본은 중국 침략을 계속하고 있었다.

당시 캠브리지대학에는 중국인을 비롯해 많은 외국 학생들이 있었는데 자신들의 새로운 국가 건설에 큰 관심을 가지고 있었다.

이때 중국을 연구하라고 권유한 이가 바로 템펄리Temperley H. V. 교수[6]였다. 그는 1880~1885년의 영국 외교문서들이 최근 공개되었으니 나에게 연구를 권했다.

우연한 기회로 작업을 시작해 1938년에 배를 타고 인도에 도착할 때 이 원고를 타자로 쳐 출판하려고 하였다. 당시 영국 관리들의 임무는 선동적인 출판물을 검색하는 것이었다. 그러나 전쟁이 곧 발발할 시점이었고 이 책이 결함이 많아 그들의 시선을 피할 수 있었다.

구츠Gooch G.P. 교수는 그의 오래된 저서의 새로운 재판 서문에서 내 문장을 젊은이의 미숙함이라고 지적하였다. 고백하지만 나는 이 책을 로맨틱하게 쓰고 싶었다. 근엄하고 착실한 독자들의 취향은 아닐 것이다.[7] 나는 이 책을 쓰면서 외교사와 경제사는 두 언어의 같은 것임을 깨달았다.

뒤이어 그가 적은 서론introduction(pp. xxvii~xxix)은 중국사에 관한 일반적인 개설이다.

독특한 문서 번호체계

키어넌이 인용한 영국 외무성의 자료들은 타자기로 입력하기 이전 외교관들이 육필로 쓴 원래의 보고문서들이다. 한 개의 보고문서가 수십 페이지에 이르는 경우가 통상적이었다. 따라서 그는 독특한 문서 번호를 창안해 사용하였다. 1939년의 저서 75페이지 주석 2에 보면 "팍스Parkes(에도Yedo) 174, 10. 10. 79, 그리고 190 비밀 27, 10, 110. 79, 46, 248"이라고 표시하고 있다. 이것은 FO. 46, 174 문건과

190 문건을 지칭한다. 174와 190은 문건의 번호를 지칭하고 한 문건이 수십 페이지에 달하여 그다음의 숫자는 인용한 문서의 위치를 나타낸다. 현재는 외교문서들이 활자로 공표되어 있어서 이런 번거로운 표시는 사용하지 않고 FO. 46/174, FO.46/190 두 단위 번호로 표기한다.

조선 문제를 본격적으로 서술하다

키어넌은 중국 관련 외교문서를 검색하다가 한반도 문제가 큰 비중을 지닌 사실을 알게 되었을 것이다. 1939년의 저서는 총 18개 장으로 구성되었는데 조선 관련이 무려 3개 장이나 되었다. '제5장 조선, 1882년 반란에 이르기까지' (pp. 73~85), '제7장 조선, 제2차 조약'(pp. 101~112), '제11장 조선, 1885년'(pp. 160~171)이 그것이다. 키어넌이 한반도 문제를 영국의 미간 외교문서에 입각해 서술한 최초의 학자라는 사실을 기억해야 할 것이다. 그 시기가 1934~38년 사이라는 점도 함께 기억해야 한다. 키어넌을 연구한 구미 학자들 가운데 이 조선 관련 글에 관심을 보인 경우는 아직 없는 듯하다.

키어넌은 연구하고자 하는 분야가 너무 많은 학자였다. 1939년 이 저서를 발표한 이후 키어넌은 이 방면의 연구를 다시는 하지 않았다. 영국 외무성이 1884년에 조선 관련 기밀문서를 두 차례에 걸쳐 편찬했는데 키어넌은 이 문서들을 열람하지도 않았다.[8]

이제 한국 관련 제5장, 제7장, 제11장의 내용을 보도록 하자.

① 제5장 조선, 1882년 반란에 이르기까지

　　Corea, to the Rebellion of 1882

키어넌은 러시아의 중앙아시아 진출과 조선 문제를 연결하면서 시작하였다. 이는 키어넌의 혜안慧眼이다. "중앙아시아 투르키스탄 오아시스에 대한 투쟁이 격화되면서 조선 문제가 외교관들의 마음과 문서들 속에 나타나게 되었다. 러시아가 이 지역(한반도 지칭-필자)에 계획을 갖고 있으며 이리伊犁Ili(Kuldja)조약이 체결된 이후에도 새로운 문제들이 제기되고 있다."[9] 이리조약 체결과 관련해 영국 외무성은 1881~1883년 세 차례에 걸쳐 관련 문서들을 발표하였는데[10] 키어넌은 이들 문서를 검토하지는 않았으나 전해들은 것은 확실하다.

이때부터 조선 문제는 러시아의 중앙아시아 진출과 연결되었는데 그 최후의 드라마가 영국의 거문도 점령이었다.

영국의 구상은 거문도를 점령해 블라디보스토크를 공격함으로써 러시아의 중앙아시아 진출을 포기하게 만든다는 것이었다. 이른바 "개의 목을 졸라서(블라디보스토크 공격을 지칭—필자) 물고 있던 뼈다귀(인도로 가는 길목으로 러시아가 점령하려는 헤라트Herat를 지칭—필자)를 떨어트리게 만드는" 구상이었다.[11]

키어넌은 이어서 조선의 국제적인 위기는 일본의 메이지유신에서 비롯되었다고 지적하면서 팍스Parkes. H.가 지적한 러시아의 위험을 말하고 있다.[12] 그리고 파리 주재 영국의 한 외교관은 이미 1876년에 "조선 주위에서 맴도는 것은 잘못이고 힘을 사용하도록 결심해야 한다"고 건의하고 있다.[13]

1879년 10월 일본 외상은 팍스에게 러시아가 원산元山을 점령하려고 하는데 분쟁이 야기되면 다시 시도할 것이라며, 조선이 유럽 국가들과 정규적인 관계를 맺으면 일본은 안심이다, 라는 의견을 전하였다.[14] 1880년 초에 한 일본 대령이 만리장성 동쪽을 조사한다는 것을 전해들은 웨이드Wade. T. 중국 주재 영국 공사는 서리 동순董恂[15]에게 조선의 문호 개방을 수백 번 권하였다. 그러나 동순은 조선 사람들은 이성理性을 듣는 일에 너무나 고집스럽다고 퉁명스럽게 대답하였다. 웨이드 공사가 우려한 것은 조선과 조약

을 체결하려는 미국이 러시아와 우호관계를 유지하려는 것이었다.[16]

1880년 여름에는 흥미 있는 사건이 일어났다. 이탈리아가 조선의 누에 알[蠶卵]에 관심을 갖고 이를 조사하기 위해 조선을 사전 답사하게 되었다. 제노아 공Duke of Genoa이 1880년 7월 일본 고베를 떠나게 되자 중국 상해의 영국 영사관 소속 스펜스Spence. D.가 통역을 담당하였다. 그의 보고서를 1881년 1월 런던 외무성에서 심의하게 되었다.[17] 일본 주재 대리공사 케네디Kennedy. J. P.는 힘을 사용하는 것은 현명하지 않다는 의견이었고 마침 런던에 와 있던 팍스 공사는 힘의 사용을 희망하였다.[18]

영국 정부는 웨이드 중국 주재 공사에게 조선과의 조약 체결에 중국이 도움을 줄 수 있는지 알아보도록 훈령하였다.[19] 이 훈령을 받기 바로 전에 웨이드 공사는 '러시아는 봄에 조선의 한 지역을 점령할 것이라고 모두 믿고 있다'고 보고한 바 있었다. 중국의 무감각은 결국 사라져 조선에 개방을 요구하였다.[20]

그러나 1882년 한미조약에서 미국이 아편무역을 하지 않겠다는 조항이 영국에게는 문제로 등장하였다.[21] 극동 지역에 대한 인도의 수출은 새로운 것이 아니라는 빈정거림은 영국인이 언제나 민감하게 느끼는 것이었다. 이홍장은 이 문제로 천진에 온 웨이드 공사에게 조선과의 모든 조약에 중국의 주권을 강조하는 조항을 삽입하겠다고 언급하였다. 그리고 영국이 버마를 흡수할 가능성에 대해 경고하였다.[22]

슈펠트는 중국 군함을 타고 조선으로 가 가장 서투른 조약most considered bungled treaty을 체결하였다고 키어넌은 적고 있다. 당시 국제적인 관행보다 더 많은 것을 조선에 양보한 조약이라고 판단해 '서투른 조약'이라고 적어놓은 것이었다.[23]

프랑스도 조선 무대에 등장하였다. 중국 주재 프랑스 공사 부레Bourée. F. A.가 영국을 모방하려고 하자 웨이드는 이에 찬동하였다. 많은 나라가 서울에 외교관을 파견할수록 러시아의 계획은 실현 불가능하기 때문이라는 것이다. 웨이드는 부레를 위해 마건충의 서한을 얻도록 노력하려고 했으나 중국은 비협조적이었다. 중국은 조선에서 거부감을 갖고 있는 프랑스 선교사 문제를 방해물로 간주하고 있었다. 조선을 석권하고 있는 외방전도회missions étrangères는 교황 이외에는 제어할 세력이 없었다. 웨이드는 중국인에게 종교 문제에 관심을 가진 프랑스는 선교사를 위해 강력한 행동을 취할 것임을 경고하였다.[24]

영국의 상해 영사 휴스Hughes. P. J.는 5월 말 독일 제독도 다음 주 목요일에 온다고 웨이드에게 보고하였다. 조선을 향한 행렬은 가중되고 있었다.[25]

1882년 7월 말 웨이드는 윌리스 제독의 통역 모드Maude 로부터 긴 보고문을 받았다. 이 보고문이 외무성에 도착하자 그렌빌Grenville 외상은 '흥미롭다'고 말하고 윌리스가 서울에 도착하자 마건충의 도움을 받는 것에 만족하였다. 윌리스는 고종의 알현을 부탁하였으나 파리에서 유학했던 마건충은 조선 정부는 일종의 봉건제도une espèce de féodalité 이므로 힘들 것이라고, 프랑스어로 대꾸하였다.[26] 미국에 허용한 것 이외에 윌리스는 영국 함대의 조선 항구 방문과 해안 정찰을 요구하였고 회의 중 조선 대표는 잠을 자고 있었는데 통역관이 깨우기도 하였노라고 적고 있다.[27] 웨이드 공사는 한영조약은 단조롭지만 조선에 발을 디뎌놓은 것은 중요하다고 판단하였다. 7월에는 한영조약과 같은 내용의 한독조약도 체결되어 웨이드와 이홍장은 편히 잠을 잘 수 있게 되었다.[28]

열강의 화합은 임오군란의 발발로 무산될 위기에 접어들었으나 8월 25일 웨이드는 총서總署(총리각국사무아문) 대신들과 회의를 갖고 조속한 질서 회복을 권고하였다.[29]

사태 진정 후 북경에 파견된 조선 사절은 영국 공사에게 조선은 조약을 전적으로 준수한다고 천명하였다.[30] 중국 주재 영국의 대리공사 그로브너Grosvenor. T. G.는 중국의 성공이 그들의 자만심을 더 자극하지 않을까 걱정하였다.[31]

그러나 낙천적인 서구인은 지구의 가장 최후의 미지의 지역Terra Incognita도 결국은 인간 발전의 불가피한 진전에 굴복했다고 자축하고 있었다.[32]

② 제7장 조선, 제2차 조약Corea, the Second Treaty

키어넌은 한·영 제2차 조약[33]에 관해 상당히 자세하게 서술하고 있다. 러시아가 조선과 조약을 체결하려고 한다는 것을 전해들은 영국 외무성은 1882년 11월 16일 중국 주재 공사 그로브너에게 러시아의 움직임에 관한 모든 정보를 수집할 것을 훈령하였다.[34] 처음에는 러시아의 위험이 그리 심각하지 않다고 여겼다. 총세무사 하트Hart. H.가 한 국회의원에게 보낸 전보를 보면 새로운 교섭은 효과가 없고 분노만 야기할 것이며, 체결한 조약을 비준하기만 된다는 의견이었다.[35]

그러나 외무성은 다르게 생각하였다. 한미조약문 복사물 위에 다음과 같은 내용의 주석을 적어놓았다. "(이 조약에 대한) 가장 중요한 반대는 관세에 대한 명백성의 결여, 그리고 조선이 개혁을 하면 곧 치외법권을 폐지한다는 것임. 이런 규정은 중국과 일본의 조약 개정 요구를 강화시킬 것임."[36] 간략히 말하자면 "우리의 조약은 매우 미숙한 합의"라는 것이다.[37] 그렌빌 외상도 이에 동의하였다.[38]

영국 외무성은 드디어 조선 조약의 비준 거부를 결정하였다. 1883년 일본 공사에서 중국 공사로 자리를 옮긴 팍스의 첫 임무는 조선과의 새로운 조약의 초안을 만드는 일이었고 9월에 외무성 계획이 완료되어 팍스는 일본에서 돌아오자 곧 조선으로 가게 되었다.[39]

9월 19일 팍스는 상해의 영국 제독에게 조선에 갈 선박을 부탁하였다. 9월 21일 외무성은 모든 문제를 독일 전권대표와 상의토록 훈령하였다. 독일이 두 사람의 협조를 요망하였기 때문이다.[40] 팍스는 10월 18일 조선으로 떠났고 독일 대표인 일본 주재 총영사 자페Zappe. E.d.도 일본에서 조선으로 떠났다.

팍스는 조선으로 가는 길에 이홍장과 면담하였다. 이홍장은 여러 가지로 불만이었다. 팍스가 일본에 오래 근무하였기에 그들의 농락에 빠진 것이 아닌지 의심하였다. 이에 팍스는 영국은 공정한 관세만을 추구한다고 주장하였다.

이홍장은 당신은 더 원한다고 하면서 아편 조항을 조약에서 제외시키길 원한다고 하였다. 이에 팍스는 좀 화가 나서 조선은 인도의 아편보다 중국의 아편에 더 피해를 보고 있다고 이홍장이 경영하는 중국 안휘성安徽省의 아편을 암시하였다.[41]

한영조약은 11월 26일 조인되고 다음 날 팍스는 고종을 알현하였다. 고종은 예의 바르고 지적인 사람이라는 인상을 주었다. 그리고 미국의 경우와는 달리 공사 파견은 불필요하고 총영사를 파견하면 된다는 의견을 본국에 피력하였다. 훗날 외무차관이 된 커리Currie. P. C. 경은 반대했으나 폰스포트Pauncefote. J. 외무차관, 그렌빌 외상은 팍스의 견해를 지지하였다.[42] 조약이 비준되자 4월 28일 서울 공관으로부터 팍스의 긴 조선 보고들이 시작되었다.[43]

③ 제11장 조선, 1885

갑신정변의 개요와 대원군의 귀환에 관한 일반적인 서술이다. 인용한 문서는 주로 FO. 17이었고, FO. 27(1906년 이전 프랑스 관계)과 FO. 46(1906년 이전 일본 관계)을 한두 차례 인용하고 있다.

《제국주의 시대에 유럽인들의 외부 세계에 대한 태도에 관한 연구》(1969)

키어넌은 자신의 기본 입장을 1968년 저서 초판의 서문에서 다음과 같이 밝히고 있다. '제1차 세계대전 이전 100~150년에 유럽이 가장 강대했을 때 유럽과 비유럽인들의 상호 인식을 분석하는 것이다. 유럽 국가들이 국내에서는 자유를 구가하지만 그들이 지배하는 타문화의 인민들에게는 전제적인 억압을 자행하고 있는 현실을 고발하려는 것이었다. 네덜란드가 국내에서 자유를 얻으면서 다른 문화에 속하는 타국에서는 자유를 박탈하는 일반적인 불일치가 곧 모든 유럽 국가로 확산되었다는 것이다.'

키어넌은 이런 입장이 매우 상식적인 차원의 문제일 수 있다는 것을 알고 있었다. 첫판의 서문은 다시 이어진다. '이런 주제에 관해서는 여러 글들을 쓸 수 있다. 그러나 단편적인 지식을 쓸 뿐이다. 내가 여기에서 소개한 자료들은 여러 저서들을 숙독하고, 영국과 프랑스의 미간 자료들, 그리고 여러 나라의 여러 사람들과의 대화를 거쳐 이룩된 것임을 밝히는 바이다.' 끝으로 이 저서의 주제는 홉스봄이 암시한 것이라고 덧붙이고 있다.

저서의 구성을 보면 제1장 서론은 유럽이 가장 강대해졌다는 19세기 이전의 문제를 서술하였고 19세기 문제는 10페이지에도 미치지 못하고 있다. 극동 문제를 서술한 제5장은 매우 비전문적인 유럽의 일반적인 연구에 입각하고 있어서 여러 문제들을 안고 있다. 비교문명권의 서술은 전문적인 연구들에 입각해야 한다는 매우 기초적인 명제를 명심해야 할 것이다.

- *British Diplomacy in China, 1880~1885*, Cambridge U. P. 1939, 327 pp. 44
- Octagon Books, N.Y. 1970, 327pp. 許步曾 譯, 《英國對華外交》, 商務印書館, 1984. 이 연구는 본서 1장 2절에서 소개하였다.
- *Metcalf's Mission to Lafore, 1808~1809*, Lafore, 1943.에서 언급.
- *Poems from Iqbal*, Translation, Bombay, 1947, revised edn., London, 1955.
- *Poems by Faiz Ahmes Faiz*, Translation, Dlhi, 1958, revised edn., London, 1971 and Karachi, 1973.
- *The Revolution of 1854 in Spanish History*, London, 1966; Spanish edn., Madrid, 1970.
- *The Lords of Human Kind. European Attitudes towards the Other Cultures in the Imperial Age, London*, 1969. 1972, 2015, 2015년 판본 제목의 부제: With a Foreword by John Trumpbour, Tribute to Victor Kiernan by Eric Hobsbawm. 陳正國 譯, 《人類的主人: 歐洲帝國時期對其他文化的態度》(1995년 영국 Serif 출판사 판본을 한역).
- "Diplomats in Exile," Studies in *Diplomatic History. Essays in Memory of David Bayne Horn*. Ed. by R. Hatton and M. S. Anderson. Shoe String Press, 1970, pp. 301~321.
- *Marxism and Imperialism*, 1974, Edward Arnold, London, *America: The New Imperialism. From White Settlement to World*

Hegemony, 1978, Zed Press, London.

· *State and Society in Europe, 1550~1650*, 1980, *European Empires from Conquest to Collapse, 1815~1960*, 1982.

· *The Duel in European History: Honour and the Reign of Aristocracy*, 1988, Oxford University Press.

· *History, Classes, and Nation-States: Selected Writings of V. G. Kiernan*, Edited and Introduced by Harvey J. Kaye, 1988, Polity Press, Cambridge.

· *Poets, Politics, and the People*, 1989, Verso. 키어넌이 열정적으로 집필한 〈반역에 관하여On Treason〉 논문은 여기에 게재되어 있음.

· *Tobacco: A History*, 1991. Hutchinson Radius.

· *Shakespeare, Poet and Citizen*, 1993, 2016, Zed Books, London, *Imperialism and Its Contradictions*, edited and introduced by Harvey J. Kaye, 1995, Routledge, N.Y. London. *Eight Tragedies of Shakespeare: A Marxist Study*, 1996, 2016, Zed Books, London.

· *Colonial Empires and Armies, 1815~1960*, 1982, 1998, McGill-Quenn's Unversity Press.

· *Horace: Poetics and Politics*, 1999, Palgrave Macmillan.

II

알렉세이 레온티에비치 나로치니츠키

Aleksei Leontevich Narochnitskii

1990년 한국과 소련이 수교하자 이르쿠츠크Irkutsk 대학 교수이자 한국과 러시아 관계의 저서¹를 발표한 바 있는 보리스 박Boris Pak 교수가 동아일보사의 초청으로 한국을 방문하였다. 필자는 동아일보사의 주선으로 박 교수를 만나 긴 대화를 나눈 바 있었다. 대화 중 박 교수의 박사학위논문이 언급되자, 그는 심사위원이었던 나로치니츠키 교수가 조선과 러시아 관계에 관해서 자신의 저서, 즉 《극동에서 자본주의 열강의 식민정책(1860~1895)》(1956)과 어떤 점이 다른지 질문했다는 일화를 소개해주었다. 박 교수의 말에는 섭섭하다는 미묘함이 배어 있었다. 그러나 두 교수의 저서는 차원이 전혀 다른 연구였다.

필자가 나로치니츠키의 주저 《극동에서 자본주의 열강의 식민정책(1860~1895)》을 구입한 것은 1978년 뉴욕 맨해튼 중심가에 있는 Four Continent라는 러시아 전문 서점이었다. 그런데 당시에는 이런 불온한(?) 서적이 김포공항의 검문을 통과할 수 없었다. 뉴욕의 한국 총영사관에 근무하던 외교관 친구의 도움으로 필자의 서울 서재에 이 책을 안착시킬 수 있었다.

이 저서는, 구미 열강의 주요 연구들도 물론 참조하였으나, 기본적으로 러시아 문서고의 미간 사료들을 철저히 분석한 최고 수준의 연구서이다. 러시아 미간 사료들을 쉽게 접할 수 없는 오늘날의 학자들에게 특히 필수적이다. 나로치니츠키의 이 저서가 구미 언어로 번역되지 않은 것은 세계 외교사학계의 발전에 큰 걸림돌이 되었다고 생각한다.

이 저서 '머리말'에 쓰인 마르크스—레닌주의 역사방법론에 관한 구차한 언급은 구소련 저술 모두에 나타나는 형식적인 상투어에 불과하다. 구소련의 모든 서적들은 출판 허가 날짜를 저서 말미에 적게 되어 있었다. 이를 위해 나로치니츠키는 머리말에서만 이런 형식적인 상투어를 구사하고 있을 뿐이다.

한편 나로치니츠키는 '머리말'에서 동북아 국제관계사에 관한 사료와 주요 연구들에 대한 현황을 개관하고 있다. 이 연구사는 최고 수준의 글이다. 키어넌V. Kiernan의 1939년 업적을 러시아 학계에 알린 것도 그였다.

생애[2]

알렉세이 레온티에비치 나로치니츠키(1907~1989)는 우크
라이나 키예프Kiev에 근접한 체르니고프Chernigov에서 출
생하였다. 1930년에 키예프대학을 졸업하였다. 1940~
1960년 소련 과학아카데미 역사학연구소 선임연구원이
되었고, 1955년에 공산당 중앙위원회 산하 사회과학연구
원 교수가 되었다. 1960년 이후에는 모스크바 교육학연구
소 교수를 역임하였다. 1962~1974에는 *novaia i noveishaia
istoriia*(근현대사) 학술잡지의 편집장을, 그리고 1974년 이후
소련 과학아카데미 역사학연구소 소장이란 중책을 담당하
였다.

소련에서 발간한 유일하지만 불완전한 외교문서집인
'19세기와 20세기 초 러시아 대외정책. 러시아 외무성 문
서Vneshnaya politika Rossii XIX i nachala XX veka. Dokumenty
Rossiiskogo ministerstva inostrannykh del' 16책(1960~1985)의
편집인이었다. 이 문서집에 관해서는 후술한다.

《극동에서 자본주의 열강의 식민정책(1860~1895)》 (1956)

Vvedenie(머리말), pp. 3~54.

'소련 역사학에서는 미국과 유럽 열강의 19세기 극동정
책의 여러 문제들을 아직도 연구하지 않고 있는 것이 현실
이다. 구미 열강의 부르주아 역사 연구는 매우 많으나 그들
의 정책 본질 해명이 미흡하다'(pp. 3~11)라고 마르크스 역
사학의 상투적인 설명으로부터 시작하고 있다. 이런 상식
적인 언급은 구소련에서는 의무적인 것이었다.

이어 설명하고 있는 러시아를 비롯한 주요 열강들의 동
북아 관련 연구사는 현재까지도 최고 수준의 내용이다.

러시아 혁명 이전에는 1830년대 러시아의 극동정책에 관

한 자료가 발표되지 않아 러시아 정책 연구는 불가능하였다(p. 12). 10월 혁명 이전 바르수코프I. Barsukov, 스칼코프스키K. Skalkovskii와 같은 러시아의 부르주아 역사학자들은 대부분 러시아와 중국 관계 연구자들이었다. 이런 면에서 그들은 러시아 황제의 반동적인 대외정책을 옹호하는 입장에 서 있었다.

10월 혁명 이후에야 러시아 황제 관련 문서들이 공개되어 여러 연구들이 진척되고 그 수준도 향상되었다. 발표되지 않은 학위논문들은 레닌국립도서관에 비치되어 있다. 그러나 이들 학위논문의 저자가 쓴 요약문인 '저자 개요서Avtoreferaty'는 모두 보관하고 있으며 이들을 보면 1860~1895년 극동 관련 학위논문이 매우 풍부하다는 것을 알 수 있다.

이어 구미 열강의 문서들을 자세히 소개하고 있다(p. 26 이하)

러시아 외교문서고들의 분석과 소개 pp. 834~837

1956년의 방대한 저서는 기본적으로 러시아 문서고의 미간 자료들을 분석한 연구라고 필자는 여러 번 지적하였다. 러시아 문서고의 현황과 내용을 그 어느 러시아 저서보다 자세히 알려주고 있다.[3] 이 내용을 보도록 하자.

① Arkhiv vneshnei politiki Rossii(AVPR) 제정러시아 대외정책 문서(pp. 834~835)

AVPR는 a. Glavnyi arkhiv 주요문서와 b. 지역별 문서(중국, 일본 등등)로 구분되어 있다. 이 점도 국내에 처음 소개되는 중요한 사실이다. AVPR의 a.에 비치된 문서들이 얼마나 중요한 문서들인지 1956년 저서 제2장 p. 164 주석 2(지역별 문서 Tikhookeanskii stol 태평양과太平洋課 문서 인용)까지 모든 서술은 a.에 의존하고 있다.

1956년 저서는 주요문서 1-1과 주요문서 1-9 두 문서철을 소개하고 있어서 '주요문서' 전체의 모습을 알 수가 없다. 두 문서철의 내용을 보도록 하자.

a. 주요문서 1-1의 내용: 1857~1861년 흑룡강위원회 문제, 1861년 6월 27일, 12월 23일, 1862년 3월 3일 중국과 일본문제 특별위원회, 1861~1862년 중국과 일본 문제 특별위원회 원본 회의록

b. 주요문서 1-9의 내용: 동시베리아 총독에게 보낸 훈령, 1872~1874 일본에 영사 파견, 1869년 북경에서 체결

된 무역 문제, 1874년 뷰초프Byutsov 공사의 보고, 사할린과 쿠릴 문제, 1875년 3월 27일 연해주 문제 특별협의회, 일본으로부터 스트루베Struve의 사적 서신, 1875년 이전 북경으로부터의 전보, 일본 주재 공사의 보고, 일본 주재 공사관과의 교신, 일본 주재 로젠Rozen의 보고, 북경으로부터의 보고들, 1879~1881년 북경과의 교섭, 북경의 스트루베의 보고, 1881~1883년 조선에 관한 문서 교환, 북경과의 교섭, 일본으로부터 로젠의 보고, 신강성Chuguchak 영사 보고, 일본으로부터 다비도프Davidov 보고, 1884년 이전 북경으로부터의 보고, 1885년 조선에 시페이에르 파견, 1885~1886년 북경 공사 포포프Popov의 사적 서신, 북경 공사 쿠마니Kumani의 사적 서신, 1886년 북경에 돌아온 라디젠스키의 사적 서신, 러시아와 중국의 전보 협정.

c. Kitaiskii stol중국과中國課, 1868~1869, no. 1412: 1887~1891년 천진 영사관의 보고, 우르가Urga[Ulan Bator] 영사 회답, 신강성 영사 회답, 1883~1892년 푸조우Fuchzhou 영사 보고, 신강성 영사 회답, 1890~1894년 칸코우Khankou 영사 보고, 카슈가르Kashgar 영사 회답, 우르가 영사 회답, 쿨자 영사 회답, 우르가 영사 회답, 1886~1896년 상해 영사 보고, 칸코우Khankou 영사 보고, 1886~1895년 푸조우Fuchzhou 영사

보고, 울란바토르 영사 보고, 중국에서 외국인에 대한 반대운동, 무역 연구를 위한 울란바토르 영사 보고, 치부 영사 보고, 1894~1895 푸조우 영사 보고.

d. Kitaiskii stol중국과中國課: 북경 주재 러시아 외교 교섭, 비밀 전보, 1885. no. 83.

e. Kitaiskii stol중국과中國課: 1895~1898년 극동 문제 보고 요약, 1895, no. 106.

f. Kitaiskii stol중국과中國課: '상주문', 1880~1882.

g. Yaponskii stol일본과日本課: 1861~1892년 일본과 조선 문제에 관한 연차 회답(초고), no. 1994.

h. Yaponskii stol일본과日本課: 1871~1904년 일본과의 조약.

i. Yaponskii stol일본과日本課: 일본 주재 외교사절과의 교섭, 전보, V. Az.

j. Yaponskii stol일본과日本課: 1885~1895년 조선 문제 협상.

k. Yaponskii stol일본과日本課: 조선 남부 지역 민중봉기와 청일전쟁.

② Tsentralnyi gosudarsvennyi arkhiv Voenno-Morskogo Flota SSSR(TsGAMF) 중앙국립해군성문서. 한국 국사편찬위원회에서 3책으로 이들 문서의 일부를 선정 번역한 바 있다.[4]

③ Tsentralnyi gosudarsvennyi arkhiv Voenno-istoricheskii arkhv(TsGVIA) 중앙국립전쟁역사문서고. 이 문서고에 러시아 참모본부 아시아 지부 관련 문서가 있다.

④ Tsentralnyi gosudarsvennyi istoricheskii arkhiv Leningrada 레닌그라드 중앙국립역사문서고. 여기에 시베리아위원회 서가fond가 있다.

⑤ sentralnyi gosudarsvennyi istoricheskii arkhiv drevnikh aktov(TsGADA) 고대문서 중앙국립문서고.
Razryad범주 XXX, 9,; A. M. Gorchakov의 서한(1856~1971).

⑥ Tsentralnyi gosudarsvennyi istoricheskii arkhiv(TsGIA) 중앙국립문서고.
람스도르프V. N. Lamsdoprf의 서한집(1894~1895) 그리고 1887~1890, 1892, 1894~1896년 연해주 전시관구 관리에 관한 상주 보고문 수록.

⑦ Otdel rukopisei gosudarsvennyi publichnoi biblioteki im. V.

I. Leninina 레닌 명칭 국립공문서 필사본 지부

M. S. Korsakov, D. A. Milyutin, K. Skachkov의 서가書架 fond들 수록.

러시아 미간 사료 인용의 일례

여기서는 제1부 1장의 미간 자료 인용을 예시하여 저서의 실제 모습을 독자들에게 전달한다.

① 러시아 미간 문서는 제1장 제1절에서 1863년 영국, 프랑스, 미국 군함들의 가고시마鹿兒島 포격과 관련해 처음 인용되고 있다. 이들 군함들은 1875년에야 철수가 결정되었다는 것이다(p. 106, note 2, AVPR, Gl. arkh. Yap. stol.).

② 영국과 미국의 대표들은 일본을 계속 압박하였는데 사할린 남부 지역에 대한 불법적인 주장을 일본이 수락하지 않았다는 이유에서였다(p. 106, note 3 1861년 6월 21일 하코다테箱館 주재 러시아 영사 가시게비치Gashgevich 서한, AVPR, Gl. arkh., 1-9, 1860~1868).

③ 영국 공사 올코크R. Olkok(R. Alcock)와 팍스G. Parks(H.

S. Parkes)는 일본 정부에 러시아가 에조蝦夷Edzo(홋카이도
와 일본 본토 사이의 해협)을 점령할 의사가 있다고 전달하
였다(p. 106, note 4. 1860년 8월 27일 자. 위의 가시게비치 영
사는 이곳을 수호하기 위해 4,000~6,000의 병사를 주둔시켜야
한다고 보고하고 있다(p. 106, note 4, AVPR, Gl. arkh., 1-9,
1860~1868, no. 1, L. 2).

④ 1868년 영국 제독 케펠Keppel. H.은 팍스의 주장에 따
라 러시아 연안에 해군을 배치하고 사할린을 점령할 것
을 영국 정부에 건의하였다. 이런 움직임은 영국 외교
관들의 유감을 샀다(p. 106, note 5, AVPR, Gl. Arkh, 1-9,
1879~1881, no. 10, L. 150~151).

⑤ 1766년 러시아는 쿠릴열도 남부의 이투루프Iturup섬
을 지배하고 1795년에 마을을 조성하였다. 러시아인은
1805년 2월까지 이곳에 살았다. "러시아-미국 회사"는
이곳에 마을을 건설해 1875년까지 존속하였다(p. 111,
note 4, Spravka o Kurilskikh ostrovakh쿠릴군도에 관한 문의,
AVPR, Gl. arkh., 1-9, 1867, no.1, str. 29~30).

⑥ 일본에 파견된 사절단의 단장 레자노프Rezanov[6]는 1805년에 "막스마야(에조섬) 이북의 모든 육지와 수면은 러시아 황제에 속한다"라고 천명한 바 있다(p. 111, not 6. AVPR. Gl. arkh., 1-9, 1867, no. 1. LL. 96~98).

⑦ 영국과 미국의 경우와는 달리 1841년의 경우 러시아로부터 중국에 아편 수출은 거의 전무하였다(pp. 113~114, p. 114, not 1. 1881년 6월 26일 북경 주재 러시아 공사 코얀데르Koyander의 보고. AVPR, Gl. arkh. 1881. no. 28, LL. 140~146).[7]

⑧ 태평천국의 난의 발생과 관련 푸탸틴Putyatin 중국 주재 러시아 공사에게 중국 문제에 간여하지 말고 러시아 상인의 물품을 개항장으로 이동하라는 보충 훈령(p. 120, note 4, 1853년 8월 21일 자 푸탸틴에 보낼 보충 훈령 초안. AVPR, Gl. arkh. 1-1, 1853, no. 163, LL. 103~107).

⑨ 1858년 푸탸틴은 중국 정부에게 러시아 군사고문 파견을 제안하고 타국(영국을 지칭-필자)의 압력을 저지하는 데 중국을 지원할 것이라고 제안하였다(p. 121, note 5.,

1858년 7월 24일 자 보고문 요약, TsGVIA, f. 38, op. 31/287, 1858~1860, sv. 888. 추후 군사고문 파견에 관해서는 note 6의 러시아 문서 참조[필자].

⑩ 군사고문 파견 문제는 영국-러시아의 첨예한 대립을 반영한다. 이 문제에 관한 러시아 외무성 아시아국장 코발레프스키Kovalevskii, E. P.와 푸탸틴의 의견(p. 121, note 7, 1857년 2월 3일 자 코발레프스키 각서, AVPR, Gl. arkh, 1-1, no. 167, LL.1-7. 푸탸틴의 의견은 1858년 10월 15일 흑룡강위원회 회의록 초고, AVPR, Gl. arkh, 1-1, 1857, no. 2, LL. 19~26, p. 122, note 1).

⑪ 러시아는 서구 열강이 태평천국의 난에 개입해 자신의 정책을 전개할 것을 우려해 중국 정부에 그들의 도움을 받지 말 것을 요구하고 동시에 러시아 정부에게도 중국이 협력을 요구하는 경우 긍정적인 회답을 하지 말 것을 요구하였다(1861년 3월 6일 흑룡강위원회 회의록. AVPR, Gl. arkhiv, 1-1, 1857, no.2, L. 50).

⑫ 1860년 북경 추가조약 체결을 위한 이그나티예프

Ignatiev, N. P. 임명과 관련한 문제(p. 123, note 3, 1860년 3월 8일과 10일 이그나티예프 보고문 요약, AVPR, Gl. arkhiv, 1-1, 1857~1861, no. 479).[8]

⑬ 영국과 프랑스 외교관들은 러시아가 만주, 몽골, 그리고 조선을 점령할 계획이 있다고 선전하는 문제(p. 124, note 4, 1891년 7월 11일 특별위원회 회의록, TsGVIA, f. 38, op.31/287, 1861, sv.888, no.10, LL. 192~193).

⑭ 몽골과 만주에 자주적인 권력의 수립에 관하여(pp. 124~125, note 1. 1862년 3월 21일 재가를 받은 3월 15일 자 특별위원회 회의록, AVPR, Gl. arkh., 1-2, 1862, no. 1, LL. 38~43.).

⑮ 미국과 유럽 열강의 태평천국의 난 개입정책에 관련해 중국 주재 러시아 공사 발류제크Ballyuzek, Lev F.에게 보낸 훈령(p. 125, note 3, 1861년 3월 20일 발류제크 공사에게 보낸 훈령 복사, TsVIA, F. 38, op. 31/287, 1861~1865, sv. 888, No. 10. L. 462).

⑯ 극동에서 러시아 외교의 성공은 영국의 질투심을 야기했다. 캬흐타에 도착한 러시아 군사교관은 영국 공사 브루스Bruce, Frederick K, W. A.의 반대로 러시아로 돌아가게 되었다(p. 125, note 4, 발류제크가 1862년 8월 7일 자 밀류틴Millyutin[9]에게 보낸 서한, TsVIA, F. 38, op. 31/287, 1861~1865, sv.888, no. 10, L. 462).

⑰ 러시아 군사교관 파견 문제는 발류제크 공사가 진행하였다(p. 125, note 5, 1861년 8월 13일 그의 보고문 볼 것. AVPR, Gl. arkh., 1-1, 1857~1861, no. 479).

⑱ 태평천국의 난이 승리하는 경우 중국과 러시아 관계(p. 125, note 6, 1861년 6월 20일 흑룡강위원회 회의록, 1862년 3월 21일 특별위원회 회의록, AVPR, Gl. arkh., 1-1, 1862, no. 1, LL. 29~43).

⑲ 러시아와 미국이 중국과 일본 문제에 영국에 반대하는 문제(p. 127, note 2, 1863년 6월 19일 황제의 재가를 받은 Steklyu[10]의 서한 초안, AVPR, Gl. arkh., 1-1, 1863, no. 173).

⑳ 미국이 중국에서 영국에 반대하는 문제(p. 127, note 3, 1864년 3월 13일 블랑가리Vlangali[11]가 고르차코프Gorchakov[외상]에게 보낸 서한, AVPR, Gl. arkh., 1-9, 1864~1873, no. 7).

㉑ 연해주 기선은 1871년에야 시작되었다(p. 128, note 4, TsGAVMF, K.m.m. sib. otd., op. 410, no. 4226, 1870~1879, LL. 199~200).

㉒ 1860년대 중앙아시아와 서중국 지역의 국경 문제 대두(p. 133, note 5, 아시아국장 스트레모우호프Stremoukhov[12]가 육상 밀류틴에게 1869년 4월 22일 보낸 서한, TsGVIA, f. 400, op. 258/908. sv. 500(362), no. 15, d. 35, 37).

㉓ 러시아와 일본의 사할린과 쿠릴열도 국경 문제(p. 134, note 2, AVPR, Gl. arkh. 1-9, 1852~1856, no. 17, ch. 1, LL. 181~183).

㉔ 1852년 초 일본과의 국경 문제 검토를 위한 특별위원회 설치 및 푸탸틴Putiatin 일본 파견(p. 134, note 3, AVPR, Gl. arkh. 1-1, 1852, no. 162, ll. 52~60. 푸탸틴 파견과 관련

1852년 5월 19일 특별위원회 설치에 관해서는 AVPR, Gl. arkh. 1-1, 1852, no. 162.).

㉕ 중국에서 러시아 선박의 개항장 물품 이송에 관한 푸탸틴 교섭(p. 135, note 4, AVPR, Gl. arkh. 1-1, 1852, no. 162, LL. 96~122).

㉖ 러시아와 일본의 조약 협정안(p. 135, note, AVPR, Gl. arkh. 1-1, 1853, no. 163. LL. 45~58)

㉗ 푸탸틴, 일본 북부에 러시아 개항장 필요 지적(p. 135, note 6, AVPR, Gl. arkh. 1-1, 1852, no. 163, LL. 100~101).

㉘ 푸탸틴의 지적은 일본에서 양식 문제 해결책이라고(p. 135, note 7, 1853년 3월 8일 러시아 황제 재가를 받아 일본 원로회의에 제출한 서한 계획안, AVPR, Gl. arkh. 1-1, 1853, no. 163. LL. 59~63).

㉙ 푸탸틴, 일본과 교섭토록(P. 136, note 1, 푸탸틴, 1853년 3월 11일 일본 출발. AVPR, Gl. arkh. 1852~1856, no. 17, ch. 1,

LL. 237~241.).

㉚ 푸탸틴의 일본 파견에 관한 네셀로데Nesselrode의 의견
(p. 136, note 5, 네셀로데의 "일본과의 관계에 관하여" 상주문.
AVPR, Gl. arkh. 1-1, 1852, no. 162, LL. 133~136).

㉛ 푸탸틴, 일본 파견에 관한 여러 의견(p. 137, note 2~note
4, AVPR, Gl. arkh. 1-1, 1-9의 4가지 문서들).

㉜ 러시아와 일본 조약안 문제(p. 137, note 5, 러시아 외무
성 주석이 붙은 조약안, AVPR, Gl. arkh. 1-1, 1853, no. 163,
LL. 45~58).

㉝ 지볼드Zibold. F. 각서(p. 137, note 6, AVPR, Gl. arkh.
1-9, 1852~1856. no. 17, ch.1, LL. 237, 241~267).

㉞ 지볼드 건의, 러시아 외무성과 푸탸틴 무시(p. 137, note
7, AVPR, Gl. arkh. 1-9, 1852~1856, no. 17, ch. 2, L. 45).

㉟ 러시아는 푸탸틴 파견에 남사할린 지역에 군사기지

설치 희망(p. 137, note 9, AVPR, Gl. arkh. 1-1, 1852, no. 162, LL. 133~136).

㊱ 사할린의 중요성(p. 138, note 2, 1865년 2월 10일 사할린에 관한 코르사코프[13]의 상주문, AVPR, Gl. arkh. 1-1, 1860~1868, no. 1, LL. 63~82).

㊲ 푸탸틴, 일본 도착 이전 영국 방문(p. 138, note 3, 푸탸틴 상주문 복사, AVPR, Gl. arkh. 1-9, 1852~1856, no. 17, ch.2, LL. 338~413).

㊳ 푸탸틴 일본 파견에 대한 미국의 관심(p. 138, note 4, 1853년 1월 10일 미국 공사 브로운Broun[14]에 보낸 각서 AVPR, Gl. arkh. 1-9, 1852~1856, no. 17, ch. 1, LL. 155~159).

㊴ 미국, 페리에게는 푸탸틴과 협력하라고 지시(p. 138, note 5, 1853년 2월 28일 자 푸탸틴 파견 계획안, AVPR, Gl. arkh. LL. 204~205).

㊵ 푸탸틴, 일본으로부터의 서신, 접대 상황(p. 139, note 1,

푸탸틴이 1853년 10월 2일 세냐빈Senyavin[15]에 보낸 서한과 기타 문서, AVPR, Gl. arkh. 1-9. 1852~1856. no. 17, ch.2, LL. 1~5, 11~42).

④ 일본의 장군 교체기, 회담은 연기(p. 139, note 2. 푸탸틴의 1853년 10월 2일 세냐빈Senyavin에 보낸 보고, AVPR, Gl. arkh. 1-9, 1852~1856, no. 17, ch. 2, L. 45).

④ 푸탸틴, 국경 문제 회담 시급함 강조(P. 139, note 3, 푸탸틴이 1853년 11월 18일 일본에 전달한 각서 복사, AVPR, Gl. arkh., 1-9, 1852~1856, no. 17, ch. 2, LL. 52 i dr.).

④ 일본과의 교섭, 1854년 1월에야 나가사키에서 개시(p. 139, note 5, AVPR, Gl. arkh. 1-9, 1852~1856, no. 17, ch. 2, LL. 98~106).

④ 푸탸틴의 선물 목록(p. 140, note 1, AVPR, Gl. arkh. 1-1, 1852, no. 162, LL. 88~89).

④ 푸탸틴의 교섭 목적은 교역과 국경(p. 140, note, 2, 1854

년 2월 2일 푸탸틴이 세냐빈Senyavin에게 보낸 보고, AVPR, Gl. arkh. 1-9, 1852, no. 17, ch.2, LL. 112~113).

㊻ 사할린 현지 조사(p. 140, note 3, 러시아 전권과 일본 전권 회견의 의정서, AVPR, Gl. arkh. 1-9, 1852~1856, no. 17, ch. 2, LL. 163~184).

㊼ 위 문제(p. 140, note 4, 위 문서집, LL. 178, 224).

㊽ 일본제도와 교역 문제 해결의 문제점(p. 140, note 5, 위 문서집 LL. 188~189).

㊾ 푸탸틴, 대외무역 이익에 관한 각서 일본에 전달(p. 140, note 6, AVPR, Gl. arkh. 1-9, 1852~1856, no. 17, ch. 2, LL. 190~202, 258~262).

㊿ 푸탸틴, 러시아는 아편무역을 하지 않는다(p. 140, note 7, 1854년 2월 2일 푸탸틴 파견에 동봉한 조약안, note 6 문서 LL. 118~122).

51 푸탸틴, 러시아의 태평양 진출을 위해서 일본의 양식 공급 필요(pp. 140~141, note 1, 1854년 2월 2일 푸탸틴 파견 시 결정한 조약안, AVPR, Gl. arkh. 1-9, 1852~1856, no. 17, ch.2, LL. 118~122).

52 외국 선박의 중국 연안 항행 문제(p. 141, note 2, 협상 의정서, note 1의 문서 LL. 190~203).

53 푸탸틴, 협상의 신속한 재개 불가, 중개인 필요(p. 141 note 3, note 2의 문서 LL 222).

54 무역 개시 이전 일본 항구에서 필요물자 공급 문제(p. 141, note 4, 1854년 2월 2일, 푸탸틴 나가사키에서 보고, AVPR, Gl. arkh. 1-9, 1852~1856, no. 17, ch. 2, L. 114).

55 푸탸틴의 일본 활동 위임 문제(P. 141, note 5, AVPR, Gl. arkh. 1-9, 1852~1856, no. 17, ch. 2, LL. 317~330).

56 미국의 페리 문제와 푸탸틴(p. 142, note 1, 1854년 5월 18일 워싱턴으로부터 스테클Steckl 보고, AVPR, Gl. arkh. 1-9,

1852~1856, no. 17, ch.2, LL. 145~146).

㊄ 푸탸틴, 1854년 10월 다시 일본에(p. 142, note 2, 1854년 6월 6일 세냐빈Senyavin에 보낸 보고. 조선에 문서 남겨져 있음. 푸탸틴은 조선과 조약 체결에 관한 권한 없음. AVPR, Gl. arkh. 1–9, 1852~1856, no. 17, ch. 2, LL. 152~163).

㊅ 푸탸틴, 1855년 2월 7일 일본과 조약 체결(p. 143, note 1, 푸탸틴의 상주문, AVPR, Gl. arkh. 1–9, 1852~1856, no. 17, ch.2, LL. 400~410).

《19세기와 20세기 초 러시아의 대외정책》(1980~1985)

구소련 정부는 1957년 외교문서 발간을 위한 위원회를 구성하였다. 위원장에는 그로미코A. A. Gromyko(1909~1989) 당시 외무부장관을 임명하였다. 위원회는 1960~1985년에 걸쳐 1801~1826년에 관련된 문서를 14책으로 발간하였다.
책임편집인은 러시아 대외관계사의 권위자 나로치니츠키가 맡고 있었다. 그러나 이 자료들은 구미 열강에서 이해하고 있는 외교문서집과는 판이한 성격을 지니고 있다는 점을 몇 가지 지적하지 않을 수 없다.

첫째, "외교문서집"이 아니라 러시아의 대외관계 자료집이다. 이 자료집 제목의 부제 '러시아 외무성 문서들'이 이를 말해주고 있다.

둘째, 러시아 외무성이 보유하고 있는 1801~1826년의 자료들은 모두 프랑스어로 작성되어 있다. 1848년 2월 혁명 이전 유럽 외교계의 현실이 그랬다. 이 자료집은 프랑스어 문서를 먼저 게재하고 이를 러시아어로 번역해놓았다.

셋째, 문서집은 독특한 학술적인 측면을 지니고 있다. 자료에 따라 주석annotatsia을 달아 다른 문서들과의 관계를 상세히 설명하고 있다. 나로치니츠키의 학문적인 열정의 발로가 아닌가 생각한다. 나로치니츠키는 1986년에 이 자료집의 "몇 가지 방법론적인 문제"에 관한 글을 발표한 바 있다. 이 글은 마르크스주의 외교론으로부터 시작해 러시아 정부의 심의 과정, 국내 여러 집단들의 의견, 러시아 외교관에 보낸 훈령들, 러시아 국내 주요 기관들의 역할을 설명하고 있다고 선전하였다. 그러나 문서집 구성에 관해서는 아무런 언급을 하지 않은 것이 아쉽다.

넷째, 이 자료집은 구소련이나 러시아에서 '외교문서집'

의 외형을 지닌 마지막 자료집이라고 볼 수 있다. 대외관련 러시아 미간 자료들은 여러 문서고들에 산재하고 있어서 이들 문서를 세계 외교사학계의 기준에 따라 '외교문서집'을 편찬한다는 것은 매우 어려운 작업이기 때문이다.

다섯째, 이들 문서들은 현재 어떤 문서고에 이관되어 있는지 알 수 없다. 추측하건데 AVPR가 아닐까 추정한다.

■ 저서

· *Mezhdunarodne otnosheniya nakanune i vo vremya Frantsuzskoi burzhuaznoi revolyutsii kontsa XVII v.*(1763~1794)(18세기 말 프랑스 부르주아 혁명 이전과 혁명 당시 국제관계), M. 1946.

· *Mezhdunarodnye otnosheniya evropeiskikh gosudarstv s 1794 do 1830*(1794~1830년 유럽 국가들의 국제관계), M. 1946.

· *Mezhdunarodye otnosheniya evropeiskikh gosudarstv ot Iyulskoi revolyutsiya do Parizhskogo mira*(1830~1856)(7월 혁명으로부터 파리 평화까지(1830~1856) 유럽 국가들의 국제관계), M. 1946.

· *Mezhdunarodye otnosheniya ot Parizhskogo do Frankfurtskogo mira*(1856~1871)(파리 평화에서 프랑크푸르트 평화까지 국제관계(1856 ~1871), M. 1946.16.

· *Agressiya evroropeiskikh derzhav i SShA i na Dalnem Vostoke v 1882~1895 gg.*, Avtoreferat Diss., M. 1952, 32s. AN SSSR Int-Istorii(1882~1895 구미 열강의 극동 침략, 학위논문의 저자 요약, 32쪽, 소련 과학아카데미 역사학연구소).

· *Kolonialnaya politika kapitalisticheskikh derzhav na Dalnem Vostoke*(1860~1895)(극동에서 자본주의 열강의 식민정책(1860~1895), M. 1956.

■ 논문

· Anglia, Kitai i Yaponia nakanune voiny 1894~1895 gg.(1894~ 1895년 전쟁 직전 영국, 중국, 일본), *Izvestia AN SSSR*(소련 과학아카 데미 통보), T. 19, 1946, s. 189~214.

· Anglia, Rossia i Koreiskii vopros nakanune napadeniii Yaponii na Kitai letom 1894 g.(영국, 러시아 그리고 1894년 여름 일본이 중국 공격 직전의 한국 문제, *Izvestia AN SSSR*(소련 과학아카데미 통보), T. 24, 1947, s. 160~183.

· Rets.(서평), Hamilton, F.(1944), *God, Mammon and Japanese*, Vie Internationale(Moscow), 1947, no.2, s. 122~124.

· Anglia, Kitai i Yaponiya nakanune yapono-kitaiskoi vioiny(청일 전쟁 직전 영국, 중국 그리고 일본), *Istoricheskie zapiski*(역사노트), T. 19, 1948.

· K voprosu o yaponskoi agressii v Koree i prichinakh yapono-kitaiskoi voiny 1894~1895 gg(조선에서 일본의 침략과 1894~1895 년 청일전쟁 원인에 관한 문제에 대하여), *voprosy istorii*(역사의 제문제), 1950, no. 5, s. 51~76.

· SShA i yaponskaya agressia v Koree i Kitae v 1894~1895 gg.(1894~5년 조선과 중국에서 미국과 일본의 침략), *Izvestiya otdeleniya istorii i filosofii AN SSSR*, seriya istorii I filosfii(소련 과학 아카데미 역사철학 분과 통보, 역사철학 시리즈), 1950, T. 7, no. 3, s 222~238.

· Rets(서평), McCune & Harrison(1951), *Korea-American Relations*, vol. 1, Voprosy istorii(역사의 제문제), 1952, no.2, s. 139~142.

· Ekspansia SShA na Dalnem Vostoke v 50~70e godu XIX veka(1850~70년대 극동에서 미국의 팽창), *Izvestia AN SSSR*(소련 과학아카데미 통보), 1953, s. 130~176.

· Britanskii imperialism i yapono-kitaiskaya voina v 1894~1895 gg.(영국 제국주의와 1894~1895년 청일전쟁), Uchenye zapiski Moskovskogo gorodskogo pedagogiskogo instituta im. V. P. V. P. Potemkina, Kafedra istorii novogo vtemeni(폼텐킨 명칭 모스크바 도시 교육연구소 근대사 학술잡지), T. XIV, Vyp. 1, 1951, s. 89~180.

· *Ekspansia SShA na Dalnem Vostoke v 1886~1894 gg.*(1886~1894년 간 미국의 극동 팽창), UZMGPI(?), T. XXV, Vyp. 2(25권 2분책), 1953, s. 3~108.

· Mezhdunarodnye otnosheniya na Dalnem Vostoke vo vremya "opiumnykh voin" i taipinskogo vosstaniya(30~60-e gody XIX v.)(아편전쟁과 태평천국의 난 시기 극동에서의 국제관계, 1830~60년대), E. M. Zhukov, *Mezhdunarodnye otnosheniya na Dalnem ostoke(1840~1949)*, 1956, s. 7~68.17 上田重夫 等 譯,《極東國際政治史》, 上, pp. 1~80, 平凡社, 1957.

· Diplomatiya na Dalnem Vostoke v 50-60-x godakh XIX veka(1850~60년대 극동에서의 외교)," *Istoriya diplomatiya*(외교사), T. 1, 1959, s. 759~810.

· K Istorii vneshnei politiki Rossii na Dalnem Vostoke v XIX veka (19세기 극동에 있어서 러시아 대외정책사에 관하여), Vie Internationale (Moscow), 1974, no. 6, s.14~36. 이 논문은 L. G. Boskrovnyi와 함께 작성.

· Grecheskoe natsionalno-osvoditelnoe dvizhenie i Rossiya (1801~1831)(그리스 민족해방운동과 러시아), Balkanskaya issledovaniya, Vyp. 7(발칸 연구 7집).

· Rossiya i napoleonovskie voiny za gospodstvo nad Evropoi(러시아와 유럽 지배를 위한 나폴레옹 전쟁), Voprosy istorii(역사의 제문제), 1974, no. 4.

· Itogi i zadachi izucheniya politiki Rossii i mezhdunarodnykh otnoshenii v Yugo-Vostochnoi Evrope(동남 유럽에 대한 러시아 정책 연구의 결과와 국제관계), v kn: Rossiya i Yugo-Vostochnoe Evropa《러시아와 동남 유럽》 제재), Kashinev, 1984.

· Progressivnaya rol Rossii v istoricheskikh sudbakh narodov Severnogo Kavkaza(북코카서스 인민의 역사적 운명에 있어서 러시아의 진보적 역할), v kn: Velikii Oktyabr i peredovaya Rossiya v istoricheskikh sudbakh Severnogo Kavkaza《위대한 10월과 북코카서스 인민의 역사적 운명에 있어서 진보적 러시아》 게재), Groznyi, 1982.

· Rossiay, Serbiya, i Chernogoriya v nachale XIX v.(19세기 초 러시아, 세르비아 그리고 몬테네그로), Novaya i Noveishaya istoriya(근현대사), 1980, no. 3.

- Kharakter i znacheniya pervogo serbskogo vosstaniya 1804~1813gg.(1804~1813년 최초 세르비아 궐기의 성격과 의의), Novaya i Noveishaya istoriya(근현대사), 1981, no. 4.

- O nekotorykh metodologicheskikh aspektakh publikatsii vneshnyaya politika Rossii XIX i nachala XX veka(《19세기와 20세기 초 러시아 대외정책》 출판의 몇 가지 방법론적 측면에 관하여), Narochnitskii et al(1986), *Problemy metodologii i istochnikovedeniya istorii vneshnei politiki Rossii*(러시아 대외정책사의 방법론과 사료학의 문제들), s. 114~127.

III

블라디미르 엠마누일로비치 그라바르

Vladimir Emmanuilovich Gravar

1970년대 중엽 미국의 한 대학 도서관에서 만난 그라바르의 저서 《*Materialy*》[1]를 한국에 돌아와 자세히 살펴보며 그의 심오한 연구에 탄복을 금할 수가 없었다. 한 개인이 어떻게 이런 방대한 연구를 진행할 수 있을까 의아할 뿐이었다.

《*Materialy*》의 원제는 《러시아에 있어서 국제법 문헌사를 위한 자료*Materialy k Istorii Literatury Mezhdunarodnogo Prava v Rossii*, 1647~1917》로서 이 책에 자세히 소개하였고, 원전의 총 목차를 새로 정리해 〈부록 2〉로 첨부하였다. 이를 한 번 훑어보면 그의 업적의 방대함과 독창성을 알 수 있을 것이다.

코레츠키Koretskii V. M. 교수는 "러시아 국제법학의 금자탑Pamaytnik russkoi nauke mezhdunarodnogo prava"이라고 그라바르를 격찬한 바 있고[2] 그라바르 탄생 120주년을 기념하는 글을 쓴 보그슬라프스키Boguslavskii M. M.는 "탁월한 국제 문제 전문가 그라바르Vydayushchiisya uchenyi–mewhdunarodnik V. E. Grabar"라고 호칭하였다.

필자는 19세기 한국 외교사 연구에 몰두하면서 러시아의 대외관계 연구가 중요하다고 판단해 그라바르의 저서 중 19세기 후반 부분을 1982년에 번역한 바 있다. 러시아 국제법사 연구의 세계적인 전문가 버틀러Butler W. E. 교수가 그라바르 저서를 훌륭하게 완역한 것은 1990년의 일이다.

생애

블라디미르 엠마누일로비치 그라바르(1865~1956)는 빈 Wien에서 출생해 체코슬로바키아 프랴셰프Pryashev, Pršov의 헝가리 중학교를 졸업하고는 1879년에 러시아로 이주하였다. 모스크바 남부의 예고레프스크Egorevsk, 그리고 키예프에서 중학교를 마치고 1884년에 모스크바대학 법학부에 입학하였다. 법학부의 강의와 함께 역사·언어학부의 강의를 함께 수강해 후일 그가 국제법사를 연구할 수 있는 기초를 닦았다.

모스크바대학 졸업 후 프랑스로 유학을 떠난다. 1893년에 귀국, 모스크바대학 국제법 석사학위 시험에 합격해

잊혀진 동아시아
외교사 전문가들

사강사私講師privat-docent 직위를 받았다. 같은 해 유레프 Yurev(현재 Tartu, 독일 명칭은 Dorpat, Derpt)대학의 베르그봄 Bergbohm K. M.(1849~1927) 교수가 퇴직하자 공석이 된 이 대학 국제법학과에 조교수 직무대리로 임명되어 1918년까지 25년 동안 근무하였다.

제1차 세계대전 이후 모스크바대학의 교수와 외무성 고문을 지냈고 1922~23년 로잔느Lausanne 회의에 소련 대표단의 전문위원으로 참가하였다. 소련 정부 초기 대외무역 협정문 초안에 깊이 관여했으며 1926년 소련의 영사領事규정을 작성하였다. 1929년 은퇴한 이후 모스크바대학 국제법학과의 명예교수로 평생 연구 활동을 계속하였다.[4]

업적

그라바르는 수많은 업적을 남겼다.[5] 그의 방대한 업적을 세 분야로 구분해 설명한다. 편의를 위해 먼저 약어표를 부기하였다.

※ 약어표

- Butler(1990): William E. Butler, *The History of International Law in Russia, 1647~1917* by V. E. Grabar, Translated and Edited by W. E. Butler
- Cht: 모스크바 역사와 고대사 학회의 독서물*Chteniya v Moskov skom obshchestve istorii i drevnostei Rossiskikh*
- Dr. i R. : 고대와 현대 러시아*Drevnyaya i Nobaya Rossiya*
- DS: *Diplomaticheskii slovar*, 3책, M. 1984.
- ESl: 브로크하우스-에르로나 백과사전*Entsiklopedicheskii slovar Bokgauza-Efrona*
- Ezheg. MID: 러시아 외무성 연보*Ezhegodnik MID*
- Ist. vest: 역사 통보*Istoricheskii vestnik*
- M. bed: 모스크바 통보*Moskovskie vedmosti*
- 《*Materialy*》: Grabar V. E.(1958), 《러시아에 있어서 국제법 문헌사를 위한 자료*Materialy k Istorii Literatury Mezhdunarodnogo Prava v Rossii, 1647~1917*》, M. 1958.
- NESl: 신백과사전*Novyi Entsiklopedicheskii Slovary*
- Ns: 학술사전*Nauchnoe slovo*
- R. a: 러시아 문서*Russkii Arkhiv*
- R.b.sl: 러시아 전기傳記 사전*Russkii biograficheskii slovar*, SPb,.
- Rm: 러시아 사상*Russkaya mysl*
- R. ob.: 러시아 평론*Russkoe obozrenie*

- RP: 법의 혁명*Revolyutsia Prava*
- RR: 러시아 잡지*Russische Revue*
- R. st: 러시아의 지난날*Russkaya starina*
- Rus. ved: 러시아 보고서*Russkie vedmosti*
- Rus. vest: 러시아 통보*Russkii vestnik*
- Sb. M. gl. arkh: 외무성 모스크바 주요문서 선집*Sbornik Moskov skogo glavnogo arkhiva*
- Sb. Plat.: 플라티노프 교수 헌정 논문집*Sbornik v chest Prof. S. F. Platinova, SPb., 1911*
- Sb. R. ist. obshch.: 러시아 역사학회 선집*Sbornik Russkogo istoricheskogo obshestva*
- SEMP : 소비에트 국제법 연감*Sovietskii Ezhegodnik Mezhdunaro dnogo Prava*
- Uch. zap. Yurev. un. : 유레프대학 교육기록*Uchenye zapiski Yur evskogouniversitet*
- Vest Evp: 유럽 통보*Vestnik Evropy*
- Varsh. un. izv. : 바르샤바대학 통보*Varshavskie universitetskie izv estiya*
- Vopr. pr.: 법의 제문제*Voprosy prava*
- Zap. Od. ist. dr.: 역사와 고대 오데사 학회 단신*Zapiski Odeesk ogo obshchestva istorii i drevnostei*
- ZhMNPr: 인민교육부 잡지*Zhurnal Ministerstva narodnogo prosveshchenia*

리스트·그라바르 국제법

그라바르는 1902년 젊은 시절에 이미 독일의 저명한 국제법학자 리스트Liszt F. von의 *Das Völkerrecht systematisch dargestellt*(초판 1898년)를 《체계적인 설명에서 본 국제법 *Mezhdunarodnoe pravo v sistematicheskom izlozenii*》이란 제목으로 러시아어로 번역한 이래 6차례에 걸쳐 다시 번역하고 새롭게 편집(1902, 1909, 1912, 1917. 1923, 1926)하였다.

그라바르는 1902년 번역부터 리스트 저서의 오류와 결함을 지적하였고 리스트는 그 후 자신의 판본에서 그라바르의 의견을 수용하였다. 제6판에 이르러서는 《오펜하임 Oppenheim·라우터팩트Lauterpacht 국제법》과 같이 《리스트·그라바르 국제법》으로 통용되었다.[6]

소련 정권의 명분에 의한 국제법 해석 비판

'소련은 새로운 형태의 국가'라는 선전은 러시아 혁명의 기본 명분이었다. 이런 명분을 충실히 따라, '새로운 국가의 탄생은 국제법에도 큰 영향을 미치게 되었다'라고 주장하는 일군의 젊은 학자들이 등장하였다. 그 대표적인 인물이 코로빈Korovin E. A.(1892~1964)이었다. 그는 1924년에 발표한 《과도기 국제법*Mezhudunarodnoe pravo perekhodnogo* *vremeni*》에서 이제 국제법은 과도기의 성격을 지니게 되었다고 강조하였다.

그라바르는 코로빈과 같은 젊은 학자들의 비학문적이고 정치적인 태도, 그리고 제정러시아 시대의 국제법 발전에 대한 무식을 통탄하였다.[7]

《*Materialy*》의 동북아 국제관계사 관련 주요 내용

독자들은 아래 내용을 볼 때 이 책 101쪽의 〈부록 2. 그라바르 저서 《*Materialy*》의 총목차〉와 함께 살펴주길 바란다. 그라바르 원저는 '개요Ocherk → 편Razdel → §' 등의 순서로 작성되었으므로 가급적 이를 그대로 따랐다.

제1 개요Ocherk

§2. 모스크바 공국公國의 외교관들. 그들의 국제법 관념.

모스크바 공국의 대외관계는 1549년에 창설된 대사국大使局posolskii prikaz[8]에서 관장하였고 17세기 후반에는 오르딘-나쇼킨Ordin-Nashchokin A. L., 마트베프Matveev A. S., 골리친Golitsyn V. V.이 이 기관을 관장하였다.[9] 유럽과 동방에 파견된 외교관들이 대사국에 발송한 보고서Stateinye spiski에 국제법에 관한 의견들을 찾아볼 수 있고 현재까지

이에 관한 전문 연구들이 없는 실정이다. 이들 보고서를 보면 대사법, 조약법, 전쟁법에 관한 기본 개념들을 찾아볼 수 있다.

<u>제2개요Ocherk</u>

제2편Razdel

§17. 역사적 성격의 업적들

■ 뮐러

'시베리아 역사의 아버지'라고 칭송되고 있는 뮐러Müller G. F.(1705~1783)에 관해서 그라바르는 다음과 같이 설명하고 있다.

뮐러는 인문학을 전공하려고 1724년에 라이프치히Leipzig대학에 입학한 학생이었다. 러시아 과학아카데미의 초청으로 과학아카데미 공식 개최 얼마 전인 1725년 11월 5일 상트페테르부르크에 도착하였다. 뮐러는 20세에 불과하였다.

뮐러를 러시아에 초청한 아카데미 회원 콜Kohl은 "아카데미 개설이 임박해 인문학을 연구할 몇 명의 학생이 필요하다. …… 본인은 당신이 가장 능력이 있다고 생각한다. 이곳의 도서관은 훌륭하다"고 뮐러에게 말했다고 회상하였다.[10]

뮐러는 1731년에 교수 직위를 받고 곧 시베리아로 출발해 그곳에서 10년(1733~1743) 동안 수집한 엄청난 양의 역사 자료들을 갖고 돌아왔다.

뮐러는 1766년 3월 27일 외무성 문서고 책임자nachalnik arkhiva Kollegii inostrannykh del가 되어 남은 인생 17년을 이 사업에 몰두하였다. 그리고 후임자로 반티시-카멘스키 Bantysh-Kamenskii를 지명하였다.[11]

■ 반티시-카멘스키

뮐러의 업적을 계승한 반티시-카멘스키Bantysh-Kamenskii N. N.(1737~1814)는 북우크라이나 네진Nezhin에서 출생하였다.[12]

1755년에 개교한 모스크바대학에 입학해 1762년에 졸업하자 보론초프-다시코프Vorontsov-Dashkov I. I.[13] 백작에게 외무성 문서고에서 일할 수 있도록 부탁하였다. 1766년에 뮐러가 문서고 책임자가 되자 그의 휘하에서 문서 관리 훈련을 받았다. 1783년에 외무성 문서고 부책임자, 1800년에 책임자가 되었다.

이 기간에 그는 러시아와 중국 관계의 훌륭한 문서집 《1619~1792년 러시아와 중국 사이의 외교문서집: 1792~

1803년 국립외무성 모스크바 문서에 소장된 문서에서 편집 *Diplomaticheskoe sobranie del mezhdu Rossiiskim i Kitaiskim gosudarstvami s 1619 po 1792 god: sostavlennoe po dokumentam khraniashchimsia v Morskovskom Archive Gosudarstvennoi Kollegii Inostrannykh del v 1792~1803*》(1882)을 발표하였다.[14]

§36. 페테르부르크대학Peterburskii Universitet

1. 법학부 국제법학과

■ 마르텐스[15]

마르텐스Fedor Fedorovich Martens(1848~1909)는 에스토니아 리가Riga만灣 근처 페르노프Pernov에서 출생, 9세에 페테르부르크로 이주하였다. 1863년에 중학교 과정을 마치고 페테르부르크대학 법학부에 입학해 1867년에 졸업하였다.

그의 졸업논문은 법학부장이었던 이바노프스키Ivanovskii I. I.의 높은 평가를 받았다. 1869년에 석사, 1873년에는 박사학위를 취득하였다. 박사학위논문 제목 "동양에 있어서 영사와 영사재판 관할에 관하여O konsulakh i konsulskoi yurisdiktsii na Vostoke"에서 보듯이 그는 동양에 깊은 학문적인 관심을 갖고 학계에 진출하였다. 박사학위논문이 1874년 독일어로 번역되어 국제적으로 유명하게 되었다. 1871

년에는 이미 페테르부르크대학 국제법학과를 담당하였다.

마르텐스의 여러 업적 중 가장 두드러진 것은 두 가지로, ① 15책으로 구성된《조약집》, 1874~1909년, ② 2책의 국제법 교정敎程인《문명제국의 국제법Mezhdunarodnoe pravo tsivilizovannykh narodnov》, 1882~1883년이다.

《조약집》은 "류모노프Lyunonov 선집의 예에 따라서 러시아가 외국과 체결한 조약의 역사적인 선집을 출간하라는 에카테리나Ekaterina 2세의 사상을 실현한 것이다. 그 첫 시도로 19세기 초에 나온《국서와 조약의 선집Sobraniya gramot i dogovorov》은 황녀皇女의 사상을 왜곡한 것이었다. 이에 러시아 외무성은 1873년에 마르텐스에게 조약집의 편찬을 위임하였고 마르텐스는 그다음 해에 조약집 제1권을 세상에 내놓았다. 그는 일생 이 작업에 몰두하였고 그가 세상을 떠난 1909년에 러시아가 독일, 오스트리아, 영국, 프랑스와 체결한 조약집 15책을 완결하였다.

그의 국제법 교정은 5판(최후 판본 1904~05년)을 거듭하였고 여러 언어로 번역되어 국제적인 명성을 얻게 되었다.[16] 다만 그의 교정 명칭 "문명제국의 국제법"이 의미하는 바와 같이 근본적으로 유럽 국제법을 다루고 있다. 아시아 인민들에게는 자연법 규정만이 적용된다고 마르텐스는 주장하

였다.[17]

§43. 정부의 부처들

1. 외무성Ministerstvo inostrannykh del

외무성은 1832년에 외무원Kollegiya inostrannykh del을 계승해 창설되었고 1868년, 1897년 개혁을 거쳐 1914년에는 조직이 새로 바뀌었다.

외무성의 정기간행물인 *Annuaire diplomatique de l'Empire de Russie*는 1861~1886년 프랑스어로 간행되었고 1887~1893년 《외무성 연보*Ezhegodnik MID*》라는 러시아 명칭으로 호칭되었으며 1894년 이후로는 전적으로 러시아어로 집필되었다. 1914년까지는 프랑스어 판본도 계속 출간되었다.

이 간행물에는 러시아 외교사에 관한 여러 연구 논문들이 실려 있다. 몇 가지 예를 들면 다음과 같다. 15세기부터 1856년까지 외무 담당자들의 일람(II, 1862), 표트르 1세 이후 대사와 공사 일람표(III, 1863), 16세기 독일 주재 러시아 공관(VI, 1866), 러시아 주재 외국 외교관들(V, 1865), 러시아가 체결한 조약들의 색인(VI, 1866; VII, 1867), 표트르 1세 이후 프랑스 주재 러시아 외교관(XXVIII, 1890), 1586년, 1629~1886년 러시아 주재 프랑스 외교관(XXVIII, 1890),

러시아의 대외관계 관리(XII, 1867).

마르텐스의 조약집 15책 이외에 중요한 외무성의 간행물로는 반티시-카멘스키의 《러시아 대외관계의 개괄*Obzor vneshnikh snoshenii Rossii*》(1800년까지), 4편(M. 1894~1902)이 있다.

이들 이외에 중요한 조약집과 외교문서집 발간은 다음과 같다. 《러시아와 중국의 조약집*Sbornik dogovorov Rossii s Kitaem, 1689~1881*》(SPb. 1889), 《러시아와 중국 상호관계에 기초가 되는 국제규정 전서, 1689~1897*Sbod mezhdunarodnykh podtanovlenii, opredevlenii, opredelyatushchikh izaimnye otnosheniya mezhdu Rossieyu i Kitaem, 1689~1897*》(SPb, 1902), 〈중국과의 국경 협정Soglashenie s Kitaem o granitsakh〉(외무성 통보 Izvestiya MID, 1914, T. IV), 〈몽골 관계 문서Dokumenty po mongolskomu voprosu〉(외무성 통보 1914, T. II), 《러일전쟁을 계기로⋯공포된 법규와 규정집*Sbornik polozhenii i pravil, izdannykh...po sluchaiyu viiny mezhdu Rossiei i Yaponiei*》(SPb., 1904).

그라바르는 이어서 외무성 근무자들의 외교사 관련 연구들을 상세히 소개하고 있다(pp. 356~360).

제2편Razdel

§46. 국제법과 그 학문의 역사

2. 러시아와 외국의 외교 관계 문서들의 발간

러시아 외교사에 관한 문서들은 18세기 말에 처음으로 발간되기 시작하였다. 노비코프Novikov N. I.가 발표한《고대 러시아 문헌Drevnniaia rossiskaia vivliofika》(1773~1775, 1788~1791 재판, 1894 신판)[18]에 이들 문서들이 게재되어 있다.

이즈음에 과학아카데미 회원 역사학자 뮐러Müller가 러시아 조약집 발간에 관한 에카테리나Ekaterina 2세의 관심을 불러일으켰고 1779년에는 "류모노프Lyumonov의 예에 따라" 조약집을 발간하라는 황제 칙령이 뒤따랐다.

조약집 발간은 뮐러에게 위임되었으나 그 후임자인 반티시-카멘스키와 말리노프스키Malinovskii A. F.가 뮐러의 의견을 왜곡해《국서와 조약의 선집Sbornik gosudarstvennykh gramot i dogovorov》중 최초 4책은 거의 전적으로 국내 관련 국서만 게재하였고 조약 문제는 1894년에 발간된 제5책에 일부만 게재되었다. 뮐러의 견해는 100년 이후에야 비로소 실현되었다. 1874년 외무성의 의뢰로 마르텐스가 발간한 15책의 조약집이 그것인데 이에 관해서는 전술한 바 있다.

§50. 국제조약

4. 조약집Sbornik traktatov

a. 일반적인 조약집

라이프니츠Leibnitz G. W. F. von, 듀몽Dumont J, 마르텐스Martens G. F. von의 조약집과 같이 서유럽에서 출판된 일반적인 국제조약집은 러시아에서는 출판되지 않았다. 단지 러시아가 참여한 조약을 내용으로 하는《민족적인 *natsionalnalnye*》조약집만이 출간되었다.

1779년 에카테리나 2세 칙령에 나타난 바와 같은 러시아의 역사적 조약집을 창간하려는 구상은 전술한 바와 같이 4책의《국서와 조약의 선집》이라는 왜곡된 형태로 실현되었다. 1837~1841년의 국제조약을 게재하게 된 제5책은 겨우 1894년에야 출판되기 시작하였다.

1779년 칙령은 전술한 마르텐스 교수의《조약집》15책으로 실현되었다. 오스트리아, 독일, 영국, 그리고 프랑스와 러시아가 체결한 15책의 내용을 그라바르는 자세히 적고 있다.

마르텐스 조약집 이외에 주요한 조약집은 다음과 같다.

러시아 해군성이 출판한《러시아와 유럽, 아시아, 미국과 체결한 조약, 협정, 및 그 밖의 문서들의 선집*Sobranie traktatov,* *konventsii, i drugikh aktov, zaklyuchennykh Rossiei s evropeiskimi i aziatskimi dezhavami, a takzhe s S. A. Shtatami*》(SPb, 1845), 이바 노프스키I. A. Ivanovskii가 편집한 《조약집*Sobranie traktatov*》 (Odessa, 1890, 1889), 2책, 알렉산드렌코Aleksandrenko V. N. 교수가 강의 목적으로 편찬한 《1776~1906년 러시아와 외 국 정부가 체결한 주요 조약, 협정 선집*Sobranie vazhneishikh traktatov i konventsii, zaklyuchennykh Rossiei s innostrannymi derzhavami, 1774~1906*》(Varshava, 1906), 키예프대학 에이헬만 Eikhelman. O. O. 교수가 강의 목적으로 편찬한 《러시아 국제 법 선집*Khrestomaniya russkogo mezhdunarodnogo prava*》(Kiev, 1887, 1889).

b. 지역적 성격의 조약집

지역적인 성격을 지닌 몇몇 조약집이 출판되었다. 터키, 아시아 국가들과의 조약들이 출판되었다. 외무성 관리 유 제포비치Yuzefovich T.가 터키, 페르시아, 중국, 일본과의 조 약들을 《러시아와 동방과의 조약들*Dogovory Rosii s Vostokom*》 (SPb., 1869)이란 제목으로 출판하였다. 중국, 일본, 몽골, 극동 국가들과의 조약집은 허다하다. 일반적인 것으로는 《1895~1905년 극동 문제 관계의 조약과 외교문서집*Sbornik*

*dogovorov i diplomaticheskikh dokumentov po delam Dalnego Vostoka,
1895~1905*》(SPb., 1906)이 있다.

중국과의 최초 조약집으로는 지리학자이자 여행가인
베뉴코프Venyukov M. I.가 편찬한 《중국과의 신구新舊조
약 개요*Ocherk starykh i novykh dogovorov s Kitaem*》(SPb., 1861,
1863)와 《1862년 유럽 열강과 중국과의 조약들*Traktaty
evropeiskikh gosudarstv s Kitaem 1862 g.*》(Kyakhta, 1862)이 있
다. 발카신Balkashin N. N.도 선집(*Irkutsk*, 1881)을 편집하였
다. 러시아 외무성이 편찬한 《1689~1881년 러시아와 중
국의 조약집Sbornik dogorovrov Rossii s Kitaem, *1689~1881*》
(SPb., 1889)과 《1689~1897년 러시아와 중국의 국제결의
전집*Svod mezhdunarodnykh postanovlenii...mezhdu Rossei i Kitaem,
1689~1897*》(SPb., 1900)이 있다.

1907년에는 일본과 정치 일반, 통상, 항해, 어업에 관한
조약들이, 1914년에는 몽골 문제(1912~1913)에 관한 문서
집이 출판되었다. 그리고 외무성의 주관으로 《러시아와 인
접 국가들과 체결한 국경획정 조약집*Sbornik pogranichnykh
dogovorov, zaklyuchennykh Rossiei s sosednimi gosudarsvami*》(SPb.,
1891)이 출판되었다.

§51. 국제공동체의 조직과 기관의 일반적 문제들

2. 대외관계의 국가 기관들

a. 국가원수

모든 일반 교과서는 이 문제를 간략히 다루고 있으나 마르텐스Martens, F. F.는 무려 14페이지로 길게 이 문제를 다루고 있다.[19] 카잔스키Kazanskii P. E.도 상당한 지면을 할애하고 있다.[20]

알렉세예프Alekseev A. S의 논문(Vopr, pr. 1910, no. 1)은 국가원수 문제를 전문적으로 다룬 글이다.

b. 중앙외무관청

러시아 외무성Posolskii prikaz, Kollegiya, Ministerstvo Inostrannykh Del에 관한 연구는 많다.

외무성 역사 전반에 관해서는 다음과 같은 연구가 있다. 《16세기와 17세기 러시아 대외관계의 방향*Upravlenie vneshnikh snosheniii Rossii v XVI i XVII vv.*(프랑스어. Ezheg. MID. 1867, pp. 149~196), 《15세기 말~1856년 외상의 연대순 명부*lits, kotorym poruchalsya portfel inostrannykh de v Rossii s kontsa XV v. do 1856 g.*》(Ezheg. MID, 1868, pp. 53~96). Tereshchenko, A, 《러시아의 대외관계를 움직인 고관들의 생애 고찰*Opyt* *obozreniya zhiznii sanovnikov, upravlyavshikh inostrannym delami v Rossii, ch. 1~3*(SPb., 1837), 그리고 《러시아 외무성 역사 개설, 1802~1902*Ocherki istorii MID*, 1802~1902》(SPb., 1902).

러시아 외교사에 관해서는 많은 업적들이 있다.

■ 15~17세기 외교사 연구

· 카푸스틴Kapustin M. N., 《17세기 후반 러시아와 서유럽의 외교
관계Diplomaticheskiya snosheniya Rossii s Zapadnoyu Evrovnoyu vo vtoroi
polovine XVII-go veka》(M. 1852).

· 자오제르스키Zaozerskii A. I., 《17세기 모스크바 공국 외교의 특
징K kharakteristike moskovskoi diplomatii XVII v.》(Sb. Plat.)

· 포포프Popov N. A., 《17세기 러시아 외교Russkaya diplomatiya v XVII
v.》(M. ved. 1855, no. 47, 60, 62).

· 브리크너Brikner A. G., 《16~17세기 이탈리아의 러시아 외교관―
여행자Russkie diplomaty-uristy v Italii v XVI i XVII vekakh》(Rus. vest.
1877, no, 3-5, M. 1878.)

· 두바소프Dubasov I. I., 《탐보프Tambov 태생 외교관들》(Ist. vest.
1885, no. 8)

· 사바Sabba V. I., 《모스크바 대사 의식Moskovskii posolskii obryad》.
이 글은 다음 저술에 있음. 《모스크바 황제와 비잔티움 황제
Moskovskie tsari i Vizantiiskie Vasilevsy》(Kharkov, 1901, 제6장)

■ 18세기 외교사

· 18세기 외교사 연구로는 알렉산드렌코Aleksandrenko, V. N.의 다음 연구가 있다. *Epoche Peters des Grossen*(Jahrb. d. inter. Vereinig. f. vergl. Rechtswiss. 1898, abt. 1)과 《18세기 런던에 있어서 러시아 외교관*Russkie diplomaticheskie agenty v Londone v XVIII v.*》, I, II(Varshava, 1897). 이 두 책은 방대한 연구이다.

러시아 외교관들의 대외 활동이나 생애에 관하여
러시아에서는 역사적으로 상당한 연구들이 축적되어 있다.

■ 17세기 모스크바 공국公國 러시아 외교관들에 관한 연구

· Kuritsin F, V에 관한 연구: Ilinskii F.; RA, 1895, no. 1; Korsakov D. A; R.b.sl.
· Gramotin L. T.에 관한 연구: Putsillo M. P., Dr. i R, 1876, no. 6.
· Chemodanov I. I.에 관한 연구: Brikner A. G. *Russkie diplomaty*(M. 1878); Beneshevich V, R.b.sl.
· Likhchev, V. B.에 관한 연구: Brikner의 위 연구; Korsakov, R.b.sl., NESl, T. 24.
· Ordin-Nashchokin A. L.에 관한 연구: Ikonnikov V. S., RS, 1883, no. 10, 11; Klyuchevskii, V. O. Ns, 1904, no. 3; Zaozerskii, A. I., NESl, T. 29; Eingorn V. O. ZhMNPr, 1897,

no. 11; Likhach, R.b.sl.

- Matveev A. S.에 관한 연구: NESl;, Rm, 1901, no. 8, 9.; Pisarevskii G. G. *Cht*, 1900, T.II; Shepotev L.; 황제 측근 마트비예프Blizhnii boyarin, Matveev A. S.
- Ukraintsev E. I.에 관한 연구: 위 책, 제5권, pp. 1~296.
- Menezii Pavel에 관한 연구: Charykov N. V., IS, 1900, nos. 11, 12),《대사관과 로마*Posolstvo i Rim*》, SPb., 1906).
- Golitsin V. V.에 관한 연구: Petrovskii S.(R. st, 1877, t. 19), Brikner A. G.(Russ. Rev, 1878, Heft, 9).

■ 18세기 러시아 외교관 연구

- Postnikov P. V.에 관한 연구: Shmurlo E. F.(Uch. zap. Yurev. un. 1894, no.1; Brikner A. G.(Russ, ved, 1895, no. 277); *R.b.sl*
- Shafirov P. P.에 관한 연구: Likhach E.(R. b. sl)
- Osterman A. I.에 관한 연구: Shubinskii S. N.(《북극광*Severnyi siyanie*, 1863, ch. 11》; Kochubinskii A. A.(《오스테르만 백작과 터키의 분할*Gr. A. I. Osterman i razdel Turtsii*》, Odessa, 1899; Karatygin P. P.; IS, 1884, no. 9); Polievktov M. N.(R. b.sl; NESl T. 29.)
- Kurakin B. I.에 관한 연구: R.b.sl.; Shurmulo, E. F.; Zh MNPr, 1891, no.1; Brikner, A. G. (Vest Evp, 1891, no. 9); R. ob. 1892, no. 1. 그리고 F. A. Kurakin의 문서 책 Arkhiv knigy F. A. Kurakina

을 볼 것.

- Tolstoi P. A.에 관한 연구: Tolstoi, D. A. (R A, 1883, no. 2~8).
- Veselovskii A. P. F. P.와 Veselovskii I. P. 형제에 관한 연구: Fursenko, G. (NESl T. 10).
- Matveev A. A.에 관한 연구: Pekarskii P. P.(《동시대인*Sovremennik*》, 1956, no. 6); Aleksandrenko V. N.(《러시아 외교관들*Rus. dipl. agenty*》, t. 1, pp. 2~6, 214~227; T.2, pp. 1~18; ZhMNPr, 1893, no. 9; NESl, T. 25.
- Cherkasskii A. M.에 관한 연구: Pavlov−Silvanskii N. P.; R.b.sl.
- Volynskii A. P.에 관한 연구: Korsakov D. A. (Dr. i R, 1876, no. 1, 1877, no. 1, 3−8, 11; R. st. 1885, no. 10.
- Kantemir A. D.에 관한 연구: Maikov L. N.?, P.? (생애 자료 Materialy dlya biografii(Sb. AN , 1903. T. 83, 잡지 출처 미상; 필자), Aleksandrenko V. N. (런던으로부터 현황 보고Relyatsii iz Londona I−II, M. 1892, 1903; ZHMNPr, 1880, no. 8, 9); Varsh. un. izv.1896, no. 2; Stoyuniv(미상−필자), Vest, E, 1867, nos, 1, 2); Sementkvskii, R. I., 칸테미루 저서Kn. Kantemir., 1893; Shalygin A. K, R.b. sl.
- Vorontsov M. I.에 관한 연구: NESl, T. 11.
- Razumovskii A. K.에 관한 연구: IS, 1887, no. 9; Vasilchikov A. A.《라주모프스키의 가족*Semeistvo Rzumovskikh*》, T. III−IV(SPb., 1882−1887).
- Bestuzhevy−Ryuminy A. P. i M. I.에 관한 연구: Fursenko V.(NESl, T. 6); Shchepkin E. N. (Zap. Od. ist. dr., 1901, T. XXIII).

· Panin N. I. 에 관한 연구: Braude A. I.(R. b. sl); Lebedev P. S.《파 닌 집안의 백작들Grafy N. i P. Paniny》(SPb., 1863)

· Vorontsov S. R.에 관한 연구: Ryabini D. D.(R. a. 1879, no. 1~4; 1876, no. 1;《보론초프 문서Arkhiv kp. Voronysov》, T. VIII, str. 1~36.)

· Neplyuv I. I.에 관한 연구: Korsakov D. A.(R. b. sl);《네프려예프 의 기록들Zapiski Neplyuva》(SPb., 1897).

· Bulgakov Ya. I에 관한 연구: Bartenev P. I.(R. a., 1898, no. 1);《사 항들Pisma》, R. a., 1866, no. 11~12, 1867, no. 4)

· Obreskov A. M.에 관한 연구: Likhach E.(R. b. sl); Ulyanitskii V. A.《다르다넬즈 해협Dardanelly》(M., 1883, 서문Prilozhenie 47).

· Rumyantsev N. P.에 관한 연구: Ikonnikov V. S.(R. st., 1881, no.9, 10), Maikov P. B. (R. b. sl)

· Rumyantsev A. I.에 관한 연구: Ivanovskii(SPb., 1870, 저서 명칭 미 상-필자), Maikov(R. b. sl).

· Chernyshev P. I.에 관한 연구: Alekseevskii B. A.(R.b. sl).

· Osterman I. A.에 관한 연구: Petrov A. N.(R. b. sl).

· Bezborodko A. A.에 관한 연구: Grigorovich(Sb. R. ist. obshch, T. 26, 29; Karnovich E. P. Ist. vest. 1883, no. 5, 6; NESl)

· Potemkin G. A.에 관한 연구: Lovyagin A. M.(Ist. vest. 1892, no. 3; R. b. sl. T. 14; ESl, T. 24; Brikner A. G. 위의 책(SPb., 1891).

· Zubov P. A.에 관한 연구: Kudryashov K. K. (R. b. sl); R. st. 1876, T. 16, 17.

· Kuryakin A. B.에 관한 연구: R.b.sl.

· Panin N. I.에 관한 연구: Serdobin J. B.(R. st. 1873, no.9, 10; 1874, no. 5−7;《전기 자료*Materialy dlya zhizneopisaniya*》, no. 3); Engelman I. E. (Valt. Monatschr., 1892, no. 4, 5).

■ **19세기 러시아 외교관 연구**

· Chartoryiskii A. A.에 관한 연구: Novodvorskii V. V.(R. b. sl);《차르토르스키 회고록*Memuary Charyiskogo*》, T. I−II(M. 1912~1913).
· Kapodistria I. A.에 관한 연구: Teplov V. A.(SPb., 1893); R. b. sl; Sb. R. ist.obshch. T. III, str. 163~303.
· Pozzo di Borgo K. A.에 관한 연구: ESI, T. 25a;《Correspond ence》, 1890, T. I−II; Sb. R. ist. obshch. T. III.
· Nesselrode, K. V.에 관한 연구: Polievkov M. N.(R. b. sl.); NESI, T. 28; *Autobiogtraphie*, Paris, 1866; *Lettres*, 11, Paris, 1904~1912.
· Brunnov F. I.에 관한 연구: NESI, T. 8.
· Gorchakov A. M.에 관한 연구: NESI, T. 14;《25년의 선집과 추억*Sbornik i pamyat 25−letiya*》(SPb., 1881).
· Lobanov−Rostovskii A. B.에 관한 연구: Teplov V. A.(R.A, 1896. no.2); NESI, T. 24); Gubastov K. A.(Izv. Rus. Genealogiches kogo obshch., T. II, SPb., 1903).
· Ignatiev N. P. 에 관한 연구: R. st, 1888, no. 2, 1890, no. 1.

■ 러시아 주재 외국 외교관들에 관한 연구

· 《16, 17, 18세기 러시아 주재 오스트리아, 프랑스, 프러시아 대표
들Predstavitelli Avstrii, Frantsii i Prussii v Rossii v XVI, XVII i XVIII vv.》《러
시아 외무성 연보Ezhegodnik MID》, 1865); Envoyés et ambassadeurs de
France en Russie, 1586, 1629~1886(《러시아 외무성 연보Ezhegodnik
MID》, XXXVIII-1890); Brikner A. G. 《1719~1721년 러시아
주재 프랑스 외교관들Frantsuzkie diplomaty v Rossii, 1719~1721》
(ZhMNPr, 1885, no. 8)와 《러시아에 있어서 오스트리아의 외교
Avstriiskaya diplomatiya v Rossii》(Vest. Evr, 1893, no. 12.); Pekarskii P. P.
《1740~1747년 러시아에 있어서 마르키즈 드 라 쉐타르디Markiz
de la Shetardi v Rossii 1740~1747》(SPb., 1862); Fursenko F. 《Shetardi》
(R. b. sl).

· 영사에 관한 법률consulskoe pravo에 관해서는 연구가 많으나 대
사법posolskii pravo 전반에 관한 연구는 아직 이루어지지 않고 있
다. Materialy, p. 422.

· 다음과 같은 간략한 연구들이 있을 뿐이다. Kachenovskii D.
I.《외교관Agenty diplomaticheskii》, ESl, rus. uch, SPb., 1861, T.
1); Gravar V. E.(《외교관Diplomaticheskie agenty》, NRSl, T. 16);
Ulyanitskii V. A. 《외교대표직Diplomaticheskoe predstavitelstvo》, ESl, T.
18).

■ 외국 주재 러시아 외교관 명부

• 다음과 같은 연구들이 있다. 《표트르 대제 이후 빈, 파리, 런던, 베를린, 콘스탄티노플 주재 대사, 공사들의 연대순 명단 *Khronologicheskie spiskii lits, zanimavshikh mosta pocol i poslannikov v Vene, Parizhe, Londone, Berine i Konstantinopole so vremene tsastvovaniya Petra*》, Ezheg. MID, 1863; Belokurov S. A. 《1800년 이전 외교관 명단*Spiski diplomaticheskikh lits(do 1800)*》: 제1집Vyp. 1 《오스트리아-헝거리*Avstro-Vengriya*》, Sb. M. gl. arkh, 1893, T. 5, 1892); 《프랑스에서……외교 업무 수행 인사 명단*Spisok lits, ispolnyavshikh diplomaticheskie porucheniya……vo Frantsii*》(Ezheg. MID, 1890); *Les missions russes en Allemagne au XVI s.*(Ezheg.MID, 1866); Verzhbovskii F. F. 《1510~1585년 런던 주재 모스크바 공국의 공관》, 1903); Teplov V. A. 《1496~1891년 이스탄불 주재 러시아 대표들 *Russkie predstaviteli v Tsargrade, 1496~1891*》, SPb., 1891).

부록 1.

그라바르 교수 서문[21]

그라바르는 자신의 저서 발간을 앞두고 아래와 같은 진솔한 서문을 미리 작성해놓았다. 작성 날짜는 적어놓지 못하였다. 이 서문은 《Materialy》의 역사적인 중요성을 말해주는 중요한 문건이어서 그 전문을 여기에 소개한다.

러시아 국제법 문헌의 기원을 17세기 중엽으로 잡는다면 매우 풍부해 역사학자의 관심을 받을 만하다. 러시아의 국제법 역사문헌은 코제프니코프F. I. Kozhevnikov가 정확히 지적한 바와 같이 '그 사상의 풍부함, 과학적 분석의 깊이, 정치적이고 법적인 자료의 범위, 그 진보성, 과학적 혜안의 능력, 인간성, 그리고 최후로 문체 형식의 우아함에 있어서 서유럽의 국제법 분야의 모델에 뒤지지 않을 뿐 아니라 많은 면에서 이들을 능가하고 있다'.[22] 그러나 아직도 이 문헌을 체계적으로 연구하지 않고 있다. 외교사의 경우 도브로클론스키Dobroklonskii, 카이다노프Kaidanov, 레시코프Leshkov, 카푸스틴Kapustin, 그리고 마르텐스Martens와 그 밖의 학자들의 흥미 있는 업적이 있으나 국제법의 역사에 관해서는 짧은 시기를 다룬 예비적인 연구조차도 없는 실정이다. 지금까지 출판된 것을 보면 개별적인 러시아 학자들의 업적에 관한 다소 자세한 평들과 네자비토프스키V. A. Nezabitovskii, 카체노프스키D. I. Kachenovskii, 카마로프스키L. A. Kamarovskii, 마르텐스, 그리고 알렉산드렌코V. N. Aleksandrenko와 같은 매우 저명한 러시아 국제법 학자들의 생애와 활동에 관한 저술이 그 전부이다.

이 미개척 분야를 연구해야 할 시기가 온 것이다. 지나간 발자취를 돌이켜보아야 한다. 우리 국제법학의 과거에서 여러 가지 교훈과 귀중함을 발견할 수 있다. 과거에 익숙해야 현재를 보다 더 잘 이해하고 평가할 수 있는 위치에 놓이게 된다.

표트르Petr 대제의 저명한 통역관 가브릴 부진스키Gavrill Buzhinskiirk가 말한 "역사의 대양을 쉽게 항행할 수 없다"는 말이 러시아 국제법학의 역사에도 적용될 수 있다. 수집하고 숙달해야 할 엄청난 자료들이 있다. 나는 이들을 찾아 정리해야 할 임무를 떠맡았다. 과학아카데미가 러시아 국제법의 방대한 역사를 발간하기 시작하자 국제법 학사의 발간이 나에게 주어진 1917년에 이 작업을 시작하였다. 이 임무는 실현되지 못하였으나 이때부터 나는 이 작업을 완성해야겠다는 생각을 결코 포기하지 않았다.

나는 서서히 자료들을 수집하기 시작하였다. 18세기에 국제법에 관해 인쇄된 자료들은 극히 희박하다. (따라서) 나는 러시아 공인公人과 외교관들의 발표된 공식 성명들을 이용하기로 하였는데 이는 후일 연구자들이 문서고에 보존된 자료들의 연구 방향을 제시하려고 하였다.

이 작업을 진행하면서 나의 목적은 러시아의 국제법학의 완전한 역사를 제시하려는 것은 아니다. 나의 목적은 보다 더 간소한 것이다. 우리가 가지고 있는 모든 자료들을 장차 확대된 국제법학사를 위해 연대순으로 수집하고 기본 방향을 제시하려는 것이다.

러시아가 스웨덴에 승리하여 주요 유럽 열강의 국제사회에 편입하게 된 18세기로부터 러시아 국제법 문헌의 체계적인 발전을 추적할 수 있다. 그러나 표트르 1세의 개혁과 승리 이전에는 러시아에 있어서 국제법 관학에 관해 공백기라는 것은 결코 아니다. 국제법의 활동은 러시아 역사의 모스크바 공국 시대에도 찾아볼 수 있고 17세기부터는 국제법은 문헌에 공고해졌다.

19세기 이전 국제법에 관한 연구들이 희박한 점을 감안해 이 시기에는 우리에게 접근이 가능한 기본 문서: 정부의 행위와 국제법에 관한 이 시기 러시아 인민의 관념을 반영하는 가장 뛰어난 외교관들의 성명들을 참조할 필요가 있다. 이 시기와 19세기 전반기에도 문헌 연구의 복사물이 희박하고 큰 연구 기관의 도서관에서만 열람이 가능한 것을 개인 연구들을 위해 비교적 자세히 여러 독자층에 알리려 한다.

본인은 이 연구가 불완전하다는 것을 잘 알고 있으나 독자들의 판단에 맡기려고 한다. 러시아 외교의 최초 입문서를 편찬한 도브로클론스키S. Dobroklonskii의 다음과 같은 말을 회상하면서. "이런 연구는 수십 년의 작업 이후에도 오류로부터 자유롭지 못하다."

부록 2.

그라바르 저서 《*Materialy*》의 총 목차

편집자로부터Ot redaktorov...3

블라디미르 그라바르Vladimir Grabar(1865~1956)...5

저자의 서문Predislovie avtora...13~14

제1 개요Ocherk

모스크바 공국Moskovskoe Gosudarstvo(17세기VII Vek)

§1. 일반적 특징Obshchaya kharakteristika...15~16

§2. 모스크바 공국 외교관들Moskovskie diplomaty...16~23

§3. 국제법 문제에 관한 문헌적 조명Literaturnoe osveshchen

ie voprosov mezhdunarodonogo prava...23~33

잊혀진 동아시아
외교사 전문가들

1. 전쟁법규 초안

§4. 대사국大使局과 그 활동Posolosii prikaz i ego deyatelno
st...33

제2개요Ocherk

18세기 전반Pervaya Polovina XVIII Veka

제1편Razdel

표트르 1세 시대Vremya Petra I

§5. 일반적 서술Obshchaya kharateristika...38

§6. 번역 작업...40~43

§7. 국제법에 관한 독창적 문헌Originalnaya literatura po
mezgdunarodnomu pravu...44

§8. 공적 행위에 따른 국제법의 개별 문제Otdelnye voprosy
mezhdunarodnogo prava poofitsialnym aktam...52

제2편Razdel

표트르 대제 직후 후임자들 시기Vremya blizhaishikh preemn
ikovPetra I

§9. 일반적 특징Obshchaya Kharakteristika...78

§10. 공식 자료에 의한 국제법의 개별 문제들Otdelnye vop rosy mezhdunaronogo pravapo ofitsialnym materialam...81

§11. 과학아카데미와 국제법 문헌Akademiya nauk i literatura mezhdunarodnogo prava...91

제3개요Ocherk

18세기 후반Vtoraya Polovina XVIII Veka

§12. 일반 특징obshchaya khrakteristika...103

§13. 번역된 문헌들Perevodnaya literatura...104

§14. 에카테리나 2세와 그녀의 외교관들Rboty Ekaterina II i ee diplomatov...115

§15. 공식 문서와 국제법의 개별 문제Otdely voprocy mezhd unarodnogo prava v ofitsialnoi perepiske...127

§16. 모스크바대학과 국제법 강의Moskovskii universitet i prepodanie mezhdunarodnogo prava...143

§17. 역사적 성격의 연구들Rboty istoricheskogo khataktra...151

§18. Raboty teoreticheskogo kharaktera...160

§19. 학술잡지 문헌Zhurnalnaya literatura...174

잊혀진 동아시아
외교사 전문가들

제4개요Ocherk

19세기 전반Pervaya Polovina XIX Veka

제1편Razdel

19세기 초 25년Pervaya chetvert XIX veka

§20. 일반적 서술Obahchaya kharakteristika...177

§21. 대학들의 국제법 강의Prepodavanie mezhdunarodnogo prava v universitettakh...179

§22. 러시아에서 봉사한 외국인들의 번역과 연구Perevodnaya literatura i socheneniya inostrantsev, sluzhivshikh v Rossii...186

§23. 국제법에 관한 독창적 연구Originalnaya literatura po mezhdunarodnomu pravu...198

§24. 데카브리스트의 국제법 견해Mezhdunaroho-pravovye vzglyady dekabristov...210

§25. 역사적인 연구들Istoricheskie raboty...216

제2편Razdel

19세기 초 25~50년Vtoraya chetvert XIX veka

§26. 일반적 특징Obshchaya kharateristika...223

§27. 국제법 강의Prepodavanie mezhdunarodnogo prava...227

§28. 번역 문헌들Perevodnaya literatura...232.

§29. 독창적 이론 연구Originalnye raboty teoriticheskogo kharaktera...234

§30. 국제법사와 외교사 연구들Raboty po istorii mezhdu narodnogo prava i diplomatii trudunikov...248

§31. 이바노프스키, 레시코프, 로히비츠키의 학술 활동 Na uchnaya deyatelnost professorov I. I. Ivanovskogo, V. N. Leshkova i A. V. Lokhvitskogo...264

§32. 카체노프스키와 카푸스틴의 초기 연구들Rannie raboty D. I. Kachenovskogo i M. N. Kaustina...282

제5개요Ocherk

19세기 후반~20세기 초기Vtoraya Polovina~Nachalo XX Veka

§33. 일반적 특징Obshchaya kharakteristika...292

제1편Razdel

생애 작품 연구: 학술원, 대학, 학술 기관, 부처, 공공 기관, 개인Bio-bibliograficheskii obzor rabot professorov, prepodavatelei i sotrudinikov, uchebnykh zavedenii, ministerstv, uchrezhdenii i otdelnykh lits

§34. 학술원Akademiya nauk...295

§35. 모스크바대학Moskovskii universitet...296

§36. 상트페테르부르크대학Peterburskii universitet...305

§37. 도르파트(유리에프)대학Deritskii(Yurevskii) univer
sitet...317

§38. 하리코프대학Kharkovskii universitet...323

§39. 카잔대학Kazanskii univrsitet...330

§40. 키예프 소재 성블라디미르대학Universitet sv. Vladi
mira v Kieve...333

§41. 기타 대학들Drugie universitety...339

§42. 기타 교육 기관들Drugie uchebnye zavedeniya...346

§43. 정부 부처Ministerstva...355

§44. 사회−문헌단체Literaturno−obshchestvenye grupp
irovki...361

제2편Razdel

문헌의 주제별 고찰Tematicheskii obzor literatury(1856~1917)

§45. 일반 성격의 연구와 출판물Raboty i izdaniya obshchego
kharaktera...371

§46. 국제법과 그 학문의 역사Istoriya mezhdunarodnogo prava i ego nauki...378

§47. 국제법의 기본 문제들Osnonovnye voprosy mezhduna rodnogo prava...384

§48. 국제법의 주체들Subekt mezhdunarodnogo prava...391

§49. 국제법의 객체들obekt mezhdunarodnogo prava...400

§50. 국제조약Mezgdunarodnyi dogovor...410

§51. 국제공동체 조직의 일반 문제Obshchie voprosy organ izatsii i organy mezhdunarodnogo obshcheniya...416

§52. 국제분쟁 해결 수단들Sredstva rareshcheniya mezhdunarod ykh sporov...427

§53. 전쟁 배제와 그 발생의 축소Ystranenie voiny i sokrashche nie sluchaev ee prmeneniya...429

§54. 전쟁법Pravo voiny...433

제3편Razdel

국제법의 독립 분과들Samostoyatelnye otrasil mezhdunar odnogo prava

§55. 국제행정법Mezhdunarodnoe administrativnoe pra vo...448

§56. 국제형사법Mezhdunarodnoe ugolovnoe pravo...456

잊혀진 동아시아
외교사 전문가들

§57. 국제사법Mezhdunarodnoegrazhdanskoepravo(Mezhdunar

odnoe chastnoe pravo...463

IV

앙리 코르디에

Henri Cordier

1977년 봄 2년의 파리 연구생활을 마치고 귀국한 필자는 무슨 연유에서인지 그해 6월 뉴욕의 패러건 서점Paragon Book Gallery으로부터 코르디에의 《동양 역사와 지리 논문집*Mélanges d'Histoire et de Géographie Orientales*》 4책 중 2책, 《중국 문헌목록 *Bibliotheca Sinica*》 3책을 거금으로 구입하였다.

코르디에는 세계적인 중국학 거물답게 많은 후배학자들과 교유하였다.[1] 코르디에는 뛰어난 업적을 학계에 남겨놓았을 뿐 아니라 저명한 학술잡지들을 창간하여 학계에 공헌하였다. 그는 《통파오通報*T'oung-Pao*》지를 네덜란드의 레이든 Leyden대학 쉴레겔Gustave Schlegel 교수와 함께 발간하였다. 쉴레겔 교수가 세상을 떠나자 코르디에는 샤반느E. Chavannes(1865~1918), 펠리오P. Pelliot(1878~1945) 두 교수와 함께 《통파오》 발간을 계속하였다. 이에 대해서는 후술한다. 샤반느는 사마천司馬遷《사기史記》의 주요 부분을 프랑스어로 번역한 것으로 유명하다. 그러나 코르디에의 권유로 그는 중국의 역사를 전공하게 된다.

생애

앙리 코르디에Henri Cordier(1849~1925)는 미국 루이지애나 주 뉴올리언스New Orleans에서 태어났고 그의 가족은 프랑스 사보이Savoyarde 지방 출신이었다.[2] 그는 어린 나이에 조국 프랑스로 떠난다. 1852년 프랑스 서부 연안의 아브르 Havre 항구에 내려 1855년 파리에 도착하였다. 명문 샵탈 Chaptal고등학교, 그리고 영국에서 교육을 받았다.

그리고 20세가 채 되기도 전인 1869년 2월 18일 중국으로 떠나 상해에 정착한다. 부친이 경영하는 교역 회사 러셀 Russel and Company에서 활동하며 1876년까지 이곳에 체류하였다.

코르디에는 젊어서부터 책에 대한 애착심이 컸다. 20세에 불과하던 1870년 11월 10일 《상해 석간신문*Shanghai Evening Courier*》에 서한을 보내면서 자신을 영어로 서적광書籍狂A Bibliomania이라고 소개하였다.[3]

코르디에는 어떤 면에서는 우연하게 중국학[4]의 대가가 되었다. 1871년에 상해의 영국 왕립아시아학회 북중국 지부North China Branch of the Royal Asiatic Society에 자원해 사서司書가 되었다. 이때 북중국 지부에 소장된 자료들의 목록을 작성하였다. 여기에는 영국의 선교사이면서 저명한 중국학 연구자인 와일리Wylie. B. A.(1815~1887)의 장서도 포함되었다. 와일리의 장서는 2만 권에 달하는 방대함으로 유명해서, 후일 옥스퍼드대학 중앙도서관이 그의 장서를 구입해 중국학 서고의 기초가 되었다.[5]

코르디에가 이때 작성한 도서목록은 1872년 상해의 칭-풍Ching-Foong 출판사에서 86페이지의 단행본으로 출간되었다.[6] 코르디에는 와일리의 장서가 자신의 주저主著《중국 문헌목록*Bibliotheca Sinica*》의 기초가 되었다고 술회한 바 있다.

1872~1876년 사이에 코르디에는 극동 문제 연구에 집중하였다. 이 시기에 그는 《상해 석간신문》, 《북중국 매일 신

문*North China Daily News*》,《왕립아시아학회 북중국 지부 잡지*Journal of the north China Branch of the Royal Asiatic Society*》에 20편 정도의 글을 기고하였다.[7]

1876년 3월 31일 그는 몇 개월 휴가를 받아 프랑스로 휴가를 떠났다. 프랑스에서 중국으로 돌아오는 길, 수에즈운하 부근에서 중국 정부의 전보를 받는다. 유럽으로 파견한 중국 학생들에 관한 업무를 담당할 비서관으로 임명한다는 것이었다. 다시 프랑스로 돌아간 그는 1877년 임명장을 받았다.

코르디에는 이 새로운 직책을 수행하면서 파리의 저명한 동양학 언어 연구기관인 Ecole des Langues Orientales(약칭 랑그조Langueso)의 행정을 담당했던 동양학자 쉐퍼Charles Schefer를 알게 되었다. 쉐퍼는 코르디에의 광범위한 지식에 감명을 받아 그를 위해 랑그조에 역사, 지리 및 입법에 관한 강좌를 1881년에 개설하였다. 코르디에는 이 강좌를 6년 동안 담당하였고 1888년 3월 30일에는 랑그조의 명예교수가 되었다.[8]

1925년 3월 16일 코르디에는 여느 때와 같이 아침 내내 글쓰기에 열중하였다. 《퉁파오*T'oung Pao*》에 실릴 호시A. Hosie[9] 추도문 요지를 막 완료하였다. 그는 지리학회 회장

자격으로 이집트 장관이 카이로에서 준비한 지리학회 프랑스 회원들을 위한 오찬에 참석하기 위해 호텔 계단을 올라갔다. 이 순간 갑자기 몸에 이상을 느껴 우연히 이곳을 지나던 낯선 한 사람의 팔에 쓰러졌다. 그 사람은 코르디에를 집으로 데려다주었다. 세기의 석학 코르디에는 그날 저녁 세상을 떠났다.[10]

업적

코르디에는 자신의 죽음을 예견한 것일까. 세상을 떠나기 1년 전 75세가 되던 1924년에 일생동안 자신이 집필한 글들과 학문활동에 관한 문헌목록을 작성하였다.[11] 이 저서를 한 번만 훑어보아도 엄청난 양의 업적을 발표한 것을 알 수 있다. 1870년 11월 10일에 《상해 석간신문》 편집장에게 보낸 서한에서 자신을 '서적광A Bibliomaniac'이라고 자칭한 것이 허언이 아님을 알 수 있다. 그의 업적 중에서 대표적이고 우리가 관심을 가질 만한 글들을 발표연도 순서로 선정해 여기에 소개한다.

왕립아시아 학회 카탈로그

《왕립아시아 학회 북중국 지부 도서관 카탈로그》(1872).

묄렌도르프

〈묄렌도르프의 《중국 문헌 입문서》 비판 notice sur P. G. Möllendorff(1876), *Manual of Chinese Bibliography, being a list of Works and Essays relating to China*〉, Revue critique, 1878, vol. I, p. 253.[12]

코르디에는 《중국 문헌목록*Bibliotheca Sinica*》 첫째 권(pp. X~XI)에서 묄렌도르프에 관한 흥미로운 일화를 소개하고 있다. 코르디에가 두 번째로 북경을 방문한 얼마 후인 1875년 11월 21일에 묄렌도르프는 다음과 같은 내용의 편지를 코르디에에게 보내왔다. "본인은 북경에서 수도원장 팔라디우스Palladius[13]로부터 귀하가 《중국 문헌목록》을 준비하고 있는 중이라는 것을 듣게 되었습니다. 귀하 저술의 윤곽과 범위에 관해 정확한 정보를 갖고 있지 않지만 유사한 작업을 본인이 영어로 구성해 현재 유럽에서 인쇄 중에 있습니다. 본인 작업은 중국에 관한 고대, 근대의 업적들을 포함하고 유럽과 중국에서 학술잡지에 발표된 모든 논문들의 완전한 목록으로 …… 4천 5백[항목]에 이르고 있습니다."

그러나 이 저서를 본 코르디에는 실망을 금치 못하였다. 그가 보기에 우선 묄렌도르프는 항목들을 혼동하고 있었다. 드라마의 저술을 역사 항목에, 소설을 식물에 분류하는 등 치명적인 오류를 범하고 있다고 비판하였다.

학술지 창간

《극동 학술지*Revue de l'Extrême-Orient*》 창간. 1883~1887년 동안 3책을 발간하였다.

그리피스 서평

〈W. E. Griffis(1882), *Corea, the Hermit Nation* 서평〉, Revue de l'Extrême−Orient. II, nos 1, 2, 1883, pp. 273~275.

《중국 문헌목록》

《중국 문헌목록*Bibliotheca Sinica, Dictionnaire bibliographique des ouvrages relatifs à l'Empire chinois. 1881~1885, 2 vols.*》. 이 저서는 통상적인 페이지page가 아니라 단段(칼럼column)으로 순서가 되어 있다. 단은 한 페이지에 좌우 두 단으로 인쇄되어 있다. 이하 column은 약자 'col.'로 표시한다.

① 판본들

1885년에 400부를 발행하였다. 1885년에 스타니슬라스 쥬리앙[14]상을 수상했다.《중국 문헌목록》은 여러 판본이 있다. 1904년 5월 27일 적어놓은 1904년 판본 서문을 보면 다음과 같다.

판본은 1878년, 1879년, 1881년, 1883년, 1884년, 1885년 판본들이 있고, 1893년, 1895년에 이를 보완하였다. 1878년의 최초 판본은 29세 미숙할 때 작성했는데 그 이유는 다음과 같다. 10년 전 중국을 연구하기 위해 중국에 도착했으나 연구의 지침이 될 문헌목록이 없어서 내 자신이 이 작업을 시작하기로 결심하였다. 모든 자료들을 다시 개정하고 오류들을 고치고 새로운 자료들을 첨가하였다.

② 구성

이 방대한 저술은 다음 5개 부분으로 구성되어 있다.

제1부 엄밀한 의미의 중국La Chine Proprement Dite, Vol. 1, col. 6~Vol. 11. col. 1916.

제2부 중국 내 외국인Les Etrangers en Chine, Vol. II, col.

1917～Vol. II, col. 2380

제3부 외국인과 중국인의 관계Relations des Etrangers avec les Chinois, Vol. II, col. 2381～ Vol, II, col. 2626.

제4부 외국 인민들 사회의 중국인Les Chinois chez les Peuples Etrangers, Vol II, col. 2627～ Vol. II, col. 2710.

제5부 중국의 제후국들Les Pays Tributaires de la Chine, Vol. II, col. 2711～Vol. II, col. 3018

＊첨가와 교정Addition et Corrections, Vol. II, col. 3025～ Vol. II, col. 3236.

③ 인상적인 부분

제1부 1. 일반 저서, vol. 1, col. 6～col. 110.

앙드레 테베, 에스칼란테, 그리고 멘도사, col. 6～8.

코르디에의 《중국 문헌목록》은 1575년에 발간된 앙드레 테베André Thevet의 《우주 형상지形狀誌La Cosmographie universelle》, 1577년에 발표된 에스칼란테B. De Escalante의 《여행기》(1679년에 영어로 번역)의 중국 관련 서술로부터 시작하고 있다.

스페인의 성직자로 1580～1583년 중국에 파견된 바 있는 멘도사J. G. de Mendoça(1545～1618)의 다음과 같은 여러 저술에 관해 자세하게 분석하고 있다. ① 중국 귀족의 의식에 관한 저술, 1585, ② 중국 귀족들의 복장, 1585, ③ 중국 귀족들의 의식, 1588, ④ 중국의 역사, 1586.

col. 46~54

장-바티스트 듀 알드Jean-Baptiste du Halde(1674~1743) (1735),《중국 제국과 만주의 지리, 역사, 연도, 정치적 서술. 이들 국가들의 일반적, 특수적인 지도들로 보완, 티베트와 조선의 일반적, 특수적인 지도들로 보완, 그리고 많은 숫자와 동판에 새긴 많은 삽화로 장식한*Description géographique, historique, chronologique, politique de l'Empire de la Chine et de la Tartarie chinoise, enrichie des cartes générales et particulières de ces Pays, de la Carte générale & des Cartes particulières du Thibet, & de la Corée. & otnée d'un grand nombre de figures & Vignettes gravées en Taille-douce.*》

코르디에는 1736년 1737년 앙리 쉐를레르Henri Scherleer 판을 비롯한 영어 번역본과 1736년 이후 여러 판본들을 소개하고 있다.[15]

col.[16]

마틴William A. P. Martin의 *Hanlin Papers*에 관한 서평:

China Review, IX, pp. 108~111.

col. 143~163

영국 해군이 발표한 지도들

1257,[17] 평양 입구 대동강

1257, 평양 입구, 1890·1902년 일본 시찰

1256, 1890·1902년 일본 조사

1255, 평양 입구 남부

1258, 서울 접근로

1270, 제물포 접근로

913, 조선 서해안

104, 1845·1863년 조선 남부 군도群島

1280, 1880·1885·1886년 벨처E. Bekcher 대위, 거문도

1065, 1882·1897·1902년 카펜터Carpenter 중위 마신포
조사

1259, 1859·1895·1900년 워드Ward 부산 일대 조사

54, 1878~1886·1882·1893·1899년 원산 일대 조사

1271, 1886~1887·1899년 조선 동해안 일대 조사

3037, 1854~1897·1899년 원산, 영흥만 조사

col. 164~165

영국 해군이 발간한 저서들

중국해 안내판Chinese Sea Directory, 3~4책 조선 연안

col. 163~178

[선박] 정박지에서 발간한 지도들

1173, 조선 근처 도서, 1848년 발간

2255, 페르난데Fernande(조선), 1866년 발간

2556, 강화의 도시, 1866년 발간

2557, 강화의 정박지, 1866년 발간

2618, 강화도 섬, 1867년 발간

2745, 강화의 강, 한강, 1866년 발간

2782, 부산 근교, 1859년 발간

2855, 대마도(조선 해협), 1861년 발간

2900, 대동강 입구, 1867년 발간

2980, 거문도, 1845년 발간

3260, 조선 남부 군도, 1871년 발간

3840, 한강과 강화도의 상륙지, 1881년 발간

4197, 조선 동남 지역의 정박지, 1901년

4364, 강화의 정박지, 1866년

4746, 조선 남부의 항구와 정박지, 1901년

pp. 178~182[18]

정박지에서 발간한 저서들

434, 조선의 서부 연안과 한강에 관한 항해 지침, 1866년

767, 조선 등지의 항해 지침, 1895년

제5부 중국의 제후국들Les Pays Tributaires de la Chine, Vol. II, p. 2711~Vol. II, p. 3018

IV. 조선Corée. Vol. II, col. 2939~col. 3008

조선 관련 저술들은 제5부에 집중되어 있다. 다만 조선과 관련한 천주교 신부들의 기록도 책에서 볼 수 있다.[19]

· Haklyut Voyages, (III, pp. 854/861) col. 2941

· Handrik Hamel ; col. 2941~2944

· Père Regis, col. 2944 (Du Halde, vol, IV, pp. 423/430,

· 조선의 간략한 역사 col. 2944(Du Halde, pp. 423/430.)

· 조선의 간략한 소개 col. 2944, (John Harris(1764),

Collection of Voyages and Travels, pp. 1000/1015)

고베아Govea 북경 주교가 라틴어로 작성한 조선의 기독교 설립에 관한 1797년 8월 15일 자 진술, col. 2945. 이 진

술에 관한 4개 관련 문서.

· 1795~8년간 조선 영안을 포함한 북태평양 조사. W. E. Broughton. col. 2945~6

· 조선에 관한 각서, 칼레리J. M. Callery, Rev. de l'Orient. V. 1844, pp. 273/294, col. 2946.

· 기원전 1007년 조선 남해의 화산 폭발, 쥴리앙S. Julien, col. 2947.

· 조선의 가톨릭 포교, 디킨슨J. T. Dickinson, col. 2947.

· 조선 도서島嶼를 포함한 사마랑Samarang호의 항해 일지, col. 2947.

· 1851년 4월 8일 프랑스 고래잡이 나르왈Narwal의 조선 남서 해안에서의 조난건, cols. 2947~8

· 1855년 여름 영국 해군 리차드J. Richard의 조선, 일본 연안 조사 보고, col. 2948

· 조선의 가톨릭 현황, 샤시롱Chassiron 백작, col. 2948

· 로스니L. de Rosny, 조선 반도의 장래, col. 2948.

_____, 조선의 지리와 역사

_____, 조선의 인민

_____, 조선인의 민족지

· 조선 동부 지역의 수리학적 서술, col. 2948

• I. Noskob, 조선인과 러시아의 관계와 조선인, Kyakhshin. Lisshok, 1862, no. 18), col. 2949

• 바이칼호 동부 지역. 최초의 교역. 조선인과의 관계, Kavkaz. 1863, no. 4, col. 2949

• J. Edkins, Notes on Corea and the Corean Languages, Chin. & Jap. Rep. , Sept. 184, pp. 39/44, col. 2949.

• 한국지韓國誌에 관한 자료Materialy dlya opisaniya Korei, Izvsshiya I. P. Geor. Obsh., T. II, pp. 35/41, col. 2949.

• J. M. James, A Cruise in Corean Waters in August, 1866. 1871. Nagasaki Express Office, pp. 20., col. 2949.

• Expédition Française de Corée(1866)

N. C. Herald(1866, 853, Dec. 1st; 854, Dec. 8.), col. 2949.

• Revue maritime et coloniale, Fév. 1867, pp. 477/481), Moniteur에 발표된 자료들의 요약, col. 2949.

• H. Jouan(1868) 논문[20]. 1871년 Mémo de la Soc. des Sc. nat. de Cherbourg요약임. col. 2949.

• H. Juan(1868), Aperçu sur l'histoire naturelle de la Corée, Mémo de la Soc. des Sc. nat. de Cherbourg, XIII, pp. 69/82, col. 2949.De Rostaing(1867), Note sur une récente exploration du Hang−kyang en Corée. Extrait du Bulletin de la Société de

Géographie(Fév. 1867), pp. 16, col. 2949.

・H. Zuber(1870), Note sur la Carte de Corée, Bul. Soc. Géog. Juin, 5é. Sér. vol. XIX, pp. 417/422, col. 2949.

・H. Zuber(1973), Une expédition en Corée, Tour du Monde, XXV, pp. 401~, col. 2950.

・M. G. Zuber(1874), 조선 원정. 前함대 장교의 메모로부터 Ekspeditsiya v Koreyu. Iz zapisok byvshago flotskago ofitsera. 세계 여행기Vsemirnyi Puteshchewsesvennik, no. 6, pp. 223/243, col. 2950.

・Ch. Martin(1883), ancien médecin de la légation de France à Pékin, Expédition de Corée 1866. Le Spectateur militaire, Tome 22, pp. 181/189, 254/267, 344/355, col. 2950.

・A Narrative of the French Expedition to Corea in 1866, the U. S. Expedition in 1871 and the Expedition of H. M. S. 《Ringdove》, in 1871. Reprinted from 《the North-China Herald》, 1871, col. 2950.

・Ernest Oppert, col. 2955~2956, W. E. Griffis, col. 2956~2957, Maurice Zametel, col. 2957~2958, G. Gottsche, col. 2961, E. H. Parker, col. 2961~2962, L. Nocentini, col. 2963~2964, W. W. Rockhill, col. 2964, Chaillé-Long, col. 2965, H. H. Hulbert, col. 2965~2966, E. B. Landis, col. 2975~2976, J. F. Bishop, col. 2978, A. Hamilton, col. 2986. 이들 저자 논전 이외에 조선에

관한 글들을 모두 수록, 해제하고 있다.

- The Korean Repository 전체 목차 해설, col. 2989~3000.
- 조선어의 외국어 사전들 해제, col. 3002~3007.

《통파오通報*T'oung Pao*》 창간

코르디에는 중국어 활자가 없어서 1887년에 발간을 중단한 《극동 학술지*Revue d'Extrême-Orient*》를 대신할 새로운 잡지 창간을 구상하고 있었다. 그러던 중에 1889년 스톡홀름Stockholm과 크리스티나Christiana에서 개최된 동양학자 대회에서 레이든Leyden대학의 중국학 교수 쉴레겔Gustave Schlegel을 만나 그와 공동으로, 40세가 되던 1890년에 《통파오》를 창간하였다. 《통파오》는 동아시아(중국, 일본, 조선, 인도차이나, 중앙아시아, 그리고 말레시아)의 역사, 지리, 민족지民族誌ethnographie의 연구를 목적으로 창간되었고 현재도 관련 전문가들의 필독 학술잡지이다. 《통파오》는 매년 5호를 발간하였다.

쉴레겔 교수가 사망하자 코르디에는 샤반느 E. Chavannes, 펠리오P. Pelliot와 함께 이 학술지를 발행하였다.

코르디에는 1890년 《통파오》 1호~4호에 10편의 논문을 발표하였다. 이 중에는 후술할 율H. Yule 대령에 관한 글(no.

1)도 있다.[21]

조선에 관한 글들

앞서 소개한 《중국 문헌목록》 등에서 보는 바와 같이 코르디에는 조선에 관한 자료들을 철저히 검색하였다. 이들 주저主著 외에도 다음과 같은 조선 관련 발표들이 있다.

① "조선Corée", Grande Encyclopédie, XII, 1891, pp. 960～964.[22]

② "극동-중국-안남-말레시아 반도-조선, 19세기 초부터 1850년까지," 《라비스와 랑보의 일반 역사*Histoire générale de Lavisse et Rambaud*》XXVII, pp. 970～1008.[23]

③ "일본과 조선의 상황에 대하여," 고빌A. Gaubil S. J. 신부의 미간 원고. 코르디에가 주석을 달고 발표. *T'oung-Pao*, IX, mai 1898, pp. 103～116.[24]

④ E. Chantre & E. Bourdaret(1902), *Les Coréens, Esquisse Anthropologique*, 서평, *T'oung-Pao*, mars 1903, pp. 74～75; Bull.

de la Sect. de Géogr. his. et descr., 1903, no. 1, pp. 139~140.[25]

《중국 연구 5년》

Half a Decade of Chinese Studies(1886~1891)(1892). *T'oung—Pao*
III/5 논문 발췌. 1891년 런던에서 개최된 제9차 동양학자
대회에서 발표.[26]

《중국과 서구 열강의 관계사*Histoire des Relations de la Chine avec les Puissances Occidentales*》, 3 vols, 1901~1902.

① 중국과 서구 열강의 관계사 동치同治 황제(1861~1875)
Histoire des Relations de la Chine avec les Puissances Occidentales,
'*Emperereur T'oung Tché*(1861~1875).
첫 번째 책 견본 1,000부가 1901년 4월 3일 수요일 파리
에 도착하였다. 책이 나오자 신문들과 학술지에서 서평들이
나오기 시작하였다.[27]

② 중국과 서구 열강의 관계사 광서光緖 황제, 제1부(1875~
1887) *Histoire des Relations de la Chine avec les Puissances Occidentales,*
'*Emperereu Kouang—Siu*(1875~1887). 최초의 견본이 1901년 11

월 26일 화요일 도착하였다. 곧 여러 서평들이 나왔다.[28]

③ 중국과 서구 열강의 관계사 광서光緒 황제, 제2부(1888~
1902) *Histoire des Relations de la Chine avec les Puissances Occidentales*,
'*Emperereu Kouang-Siu(1888~1902)*. 곧 여러 서평들이 나왔다.[29]

**The Travels of Marco Polo. The Complete Yul-Cordier
Edition, 2 vols.1903.**

코르디에는 마르코 폴로 문제에 관해서도 훌륭한 업적을
남겼다. 율Yule 판본 이후 새로운 자료와 사진들을 첨가해
새로운 율-코르디에 판본을 세상에 내놓았다.[30]

프랑스 외교문서 발간

《1857~1858 중국 원정*L'Expédition de Chine de 1857~1858*》
(1905). 프랑스와 영국의 중국 침략[31]에 관한 프랑스 외교
문서를 정리, 발표한 문서집이다. 코르디에는 1860년 열
강의 중국 재침략에 대해서도 문서집 《1860년 중국 원정
L'Expédition de Chine de 1860》(1906)을 발표하였다.

중국의 프랑스 공사관

〈1847년 중국 주재 치초 프랑스 공사관. 미간 문서〉,
T'oung-Pao, juillet, 1906, pp. 351~368.

《인도차이나 문헌목록*Bibliotheca Indosinica*》

4책으로 구성된 이 저술은 코르디에가 1885년 7월 《중국
문헌목록》 제1판 col. 1400에서 이 저서를 준비한다고 선언
하였다. "이것은 중국 제국을 위해 첫 작품일 것이며 독자
들이 좀 인내해주길 바란다고 말한 바 있었는데 오늘 나는
약속을 지켰다. 긴 서문이 필요 없다. 인도차이나 반도의
여러 국가들에 관련 저서들을 서술하는 것이다."[32]

4책을 마무리하고 1914년 12월에 적은 제4책 서문에서
는 이렇게 적어놓았다. "나는 오늘 45년 전인 1869년에 중
국에서 시작한 중국, 일본, 인도차이나에 관한 3종류의 극
동에 관한 문헌목록들을 끝마쳤다."

《일본 문헌목록*Bibliotheca Japonica*》

1912년에 출판되었다고 책 표지에 적어놓았으나 실제로
는 1913년 3월 3일에 출간되었다.[33]

《일본 문헌목록》 서문에서 다른 문헌목록과는 달리 한 책

에 불과한 이유, 그리고 기왕에 출간된 일본에 관한 문헌목록들을 해제하고 있다.

《일본 문헌목록》은 책 부제가 말해주듯 일본제국에 관한 1870년 이전의 저술들을 연대기적으로 적어놓았다. 1870~1912년에 발표된 저술들은 부록으로 첨가하였다.

따라서 1752년에 나온 일본의 옛이름 부상국扶桑國에 관한 글을 필두로 19세기 중엽 영국의 외교문서에 나타난 일본 관계의 문서들을 적어놓았다.

코르디에의 다른 《문헌목록》들과는 달리 일본 관계 저서는 색인을 작성해 연구자들에게 도움을 주고 있다.

《동양의 역사와 지리 논문집Mélanges d'Histoire et de Géographie Orientales》, 4책

Tome 1, 1914; Tome II, 1920; Tome III, 1922; Tome IV, 1923. 이들 논문 중 다음 글에 주목하길 바란다.

Tome I

① "Travaux historiques sur la Chin", pp. 75~116, *Revue Histo rique XVIII*, 1882, pp. 143~170.

② "Le Colonel Sir Henry Yule", pp. 159~185, *Journal Asiati* que, 1890, 요약

③ "Relations de l'Europe et de l'Asie avant et après le voyage de Vasco de Gama." pp. 186~192, *Extrait des Comptes rendus de la Société de Géographie*, no. 1898.

④ "Mémoire sur la Chine adressé à Napoléon Ier, par F. Rnourd de Sainte Croix", pp. 193~200, *Extrait du T'oung Pao*.

⑤ "La Première Lègation de France en Chine(1847). Documents Inédits", pp. 257~280, *Extrait du T'oung—Pao*.

Tome II

① "L'Asia Centrale et Orientale et les Etudes Chinoises", pp. 1~30, 1908년 4월 24일 코르디에의 소르본대학 강연

Tome IV

① "Edouard Chavannes"

마틴 추모사

Nécrologie——W. A. P. Martin, *T'oung-Pao*, Oct, déc. 1916, pp. 624~625.

샤반느 추모사

Nécrologie. Edouard Chavannes, *Journal des Savants*, *mars-avril 1918*, pp. 101~104.

《동서 관계 통사》

Histoire générale de la Chine de ses relations avec les pays étrangers, depuis les temps les plus anciens jusqu'à la chute de la dynastie Manchoue(1920), 4책.

제1책: 고대→당唐제국 멸망, 제2책: 5조朝 시기→몽골 멸망, 제3책: 명明→청清 가경제 사망(1820), 제4책: 청 도광제→만주제국의 멸망[34]

배들리 저서 서평

Baddeley, John F.(1919), *Russia, Mongolia, China, 1602~1676 서평*, *Journal des Savants*, nov.-déc. 1921, pp. 243~247.

Henri Cordier

V

H. B. 모스

Hosea Ballou Morse

훗날 세계적인 중국사 전문가로 등장한 페어뱅
크Fairbank J. K.는 1930년 로즈Rhodes재단의 장학
생으로 옥스퍼드Oxford대학에서 연구할 기회를
갖게 되었다. 그는 이를 계기로 중국에서 활동한
구미 전문가들을 연구하려고 결심하였다. 그가
찾아간 인물이 1904~1907년 동안 중국 해관海關
부총세무사副總稅務司Deputy Inspector 중에서 조
책처세무사造冊處稅務司Statiscal Secretary, Inspector
General를 담당한 모스였다. 그의 긴 직함은 약칭
'통계부총세무사'라고 적기도 한다.[1]

　페어뱅크는 모스로부터 학문적인 지도는 물론
이고 중국 해관에 관한 여러 귀중한 미간 자료들
을 열람할 수 있었다. 모스가 사망할 때까지 선
생과 제자의 관계가 유지되었다.

페어뱅크는 평생 마음속으로 집필하려던 모스의 전기傳記를 완성하지 못하고 1991년 84세로 세상을 떠났다. 페어뱅크는 1989년에 모스 전기의 초고를 일단 완성하였으나 《중국: 새로운 역사China: A New History》를 완료하지 못하고 옛 제자 마르더Martha H. C.에게 모스 전기의 완성을 부탁하였다. 그러나 그녀도 페어뱅크의 새로운 중국사 보완에 시간이 없어 모스 전기에 전념할 수가 없었다. 모스의 평전이 1995년에야 출판된 배경이다[2]. 이 평전은 모스를 연구하는 데에는 필수적인 글들의 모음이다.

생애

H. B. 모스Hosea Ballou Morse(1855~1934)는 캐나다 동부 해안 노바 스코티아Nova Scotia 지역의 청교도 집안에서 태어났다. 모스는 청소년 시절에 보스턴Boston 근교에 위치한 매사추세츠주 메드포드Medford로 이사하였고, 보스턴 래틴 중학교에 입학하였다. 이 학교는 하버드대학 설립 1년 전에 설립되었는데, 체벌을 선생들의 일상적인 의무로 여기는 엄격한 교육 기관이었다. 미국 역사상 수많은 저명한 인사들이 이 학교를 졸업하였다. 모스는 1870년에 하버드대학에 입학해 1874년 19세에 졸업하였다.

모스는 졸업 이후 중국 해관 총세무사 하트Hart R.의 신임

을 받고 있던 영국인 세관장 드류Drew E.의 추천으로 세 명[3]
의 동료 졸업생들과 함께 중국 해관에서 근무하게 되었다.[4]

모스의 첫 출발(1874년 8월~18767년 2월)은 상하이에서
사등방변四等帮辨(후반候班) 4th Assistant B, 즉 4급 조수였다.[5]
그 후 승진을 거듭해 1898년 5월에는 상해의 부세무사副稅
務司가 되었고 1904년에는 드디어 부총세무사가 되어 1907
년까지 이 직책에 있었다.[6]

1907년에 2년의 휴가를 얻게 되었는데 이것이 모스가 은
퇴하게 되는 서막이 되었다. 모스의 제2인생, 학자의 시간
이 시작된 것이다. 그의 학문적 업적은 다음과 같다.

업적[7]

모스의 주요 저술들을 발표 순서에 따라 소개한다.

《**중국의 무역과 행정**The Trade and Administration of
China》, 1908, 1913, 1921.

이 저서에 대해 페어뱅크(1995, p. 216)는 '묘한 모방품odd
pastiche'이라고 비판적인 평가를 하고 있다. 모스 자신도 자

신의 책 서문(p. viii)에서 "나는 중국학 지식에 보탬이 된 것은 거의 없다"라고 고백하고 있다.

제1장 '중국 역사의 개관'과 제2장 '청제국의 정부'는 세인트존스대학St. John's College 교장 포트Pott F. L. H. 신부가 집필한 매우 피상적인 글이다.

모스가 직접 서술한 제3장 '청시대 중앙과 지방 정부'는 긍정할 만한 글이다.

제4장 '수입과 지출'은 파커Parker E. H.와 재미선Jamieson G.의 연구에 도움을 받은 것인데 미숙한 지식 수준을 드러내고 있다.

제5장 '통화'는 1906~7년에 모스가 왕립아시아학회 북중국 지부NCBAS 잡지에 기고한 글들인데 당시 모스의 지적 불충분성이 드러나는 글들이었다.

그러나 제7장 '치외법권'은 1906년 11월 《대서양 월간지 Atlantic Monthly》에 발표한 훌륭한 글이고, 제8장 '조약항'은 독창적인 글이라고 평가받고 있다.

《중국의 동업조합: 동업조합 또는 광동廣東의 공행公行 상인의 서술과 함께The Gilds of China: With an Account of the Gild Merchant or Co-hong of Canton》, 1909.

아편전쟁 이전 외국 상인과 무역을 담당하는 특허를 받은 중국 상인을 '공행상인公行商人Co-hong'이라고 호칭하였다. 이 저서의 목적은 중국의 공행상인과 중세 영국의 조합을 비교하려는 것이었다.

모스는 영국 조합에 관해서는 신간 3책의 전문서적[8] 그리고 중국 문헌으로는 그의 친구이자 의학전문 선교사인 맥고원Macgowan. D의 논문에 의존하였다.[9] 모스는 자신의 책 서문에서 "이런 중국학 연구자의 뒤를 따라 [글을 쓰게 되어] 영광"이라고 적어놓았다.

《청제국의 국제관계The International Relations of the Chinese Empire》, 3 vols., 1910, 1917, 1918.

페어뱅크 교수는 모스의 모든 저술 중에서 이 저술 3책이 가장 흥미롭다고 평가했는데[10] 이것은 자신의 스승이라고 여기는 모스에 대한 과찬일 것이다. 우선 모스는 코르디에와는 달리 중국 사료에 관해서는 문외한이었다. 1910년 10월 작성한 제1책 서문에 이렇게 적고 있다. "중국의 경우 우리는 황서黃書[11]나 신뢰할 만한 다른 정보를 보유하고 있지 않지만 중국 국가 문서의 중국의 공식적인 번역이 있어서 중국 문서 원본이 더 새로움을 주지 않는다고 간주한다."[12]

중국 사료에 관해 최소한의 지식을 가진 사람이라면 이런 문장을 쓸 수 없을 것이다.

모스 저술의 장점은 당시 지식인들이 영국 문서고에 들어가지 않고도 쉽게 접근할 수 있는 중요한 영국 문서들을 볼 수 있게 하였다는 점이다. 모스는 23개의 영국 외교문서들을 제1책 부록(pp. 621~692)으로 첨부하였다.

《중국과 교역하는 동인도회사 연보*The Chronicles of the East India Company trading to China*, 1635~1834》, 4 vols. Oxford, 1926. Vol. V, Supplementary, 1742~74, 1929.**

모스가 세계 역사학계에 남겨놓은 가장 뛰어난 업적으로 평가받고 있다. 조책처세무사造冊處稅務司Statiscal Secretary, Inspector General를 지낸 모스만이 이룩할 수 있는 저술이다. 페어뱅크가 자신의 스승이라고 자랑할 만하다.

모스는 1919년에 만일 동인도회사[13]가 회사 보유의 자료들을 대출해준다면 광동廣東 무역에 관한 저술을 집필하고 싶다고 언급한 바 있었다. 런던의 동인도회사 본부가 이를 허용하자 모스는 작업을 시작하였다.

모스는 이 회사의 도서관이 보유하고 있는 200책 이상의 기록에 나타난 주요 문서의 인용과 사건의 개요를 검색하기 시작하였다. 이 연구는 17~19세기 동양과 서양의 세계적인 문제의 핵심을 파헤치는 작업이었다. 모스는 그가 집필한 그 어떠한 연구보다 오래 생명력을 가질 것이라고 말한 바 있다.[14]

5책은 총 109장으로 구성된 방대한 내용을 담고 있다. 영국 동인도회사의 광동 주재 산하 위원회의 자료들을 연도 순서에 따라 서술하고 있다. 이들 위원회는 선별위원회, 비밀위원회의 명칭을 갖고 있었는데 자료들의 내용은 해당 연도의 이들 위원회의 회계 장부, 열강의 광동 교역 현황, 그리고 특기할 교역에 관한 사항을 서술하고 있다.

이하에서는 책 가운데 매카트니Macarteny G. 사절단의 중국 파견과 같이 세계사적인 의미를 갖는 경우를 선별하여 설명하였다. 목차는 부록으로 첨부하였다.

■ 제1책

첫째 권은 먼저 모스가 50년 동안 우정을 유지한 드류 Drew B. E.에게 바친다는 헌사로 시작하였다.

서문Prefactory Note

'런던의 동인도회사 본부가 현존 자료들을 나에게 대출해 연구토록 하였다. 조사해보니 런던의 동인도회사 문서들에는 일실逸失된 자료들이 상당히 존재하였다. 자료들이 손실된 연도는 다음과 같았다. 1705~1711, 1743~1744, 1748, 1752, 1754~1774년. 그러나 1775년 이후부터 동인도회사의 중국 무역 특허가 종결된 1833년까지는 완전하였다.'

그러나 동인도회사 연보 제1책을 집필할 당시 기록들에 대한 모스의 염려는 그 후 완전히 해소되었다. 이런 사정은 동인도회사 연보 제5책(Oxford, 1929) 서문에 적혀 있다. 광동 주재 영국 사무소에는 모든 자료의 복사물이 소장되어 있고 이 자료들의 복사물이 북경 주재 영국공사관에 보관되어 있을 것이라는 주장들이 전부터 제기되어왔다. 런던의 동인도회사 본부는 전혀 이런 사실을 모르고 있었다. 그러나 학자들의 꾸준한 연구와 추적으로 이런 주장이 사실로 밝혀졌다. 한동안 일실되었다고 여긴 자료들의 부본副本이 광동의 악천후 기후를 피해 북경에 65년 동안이나 온전히 보존되어 있었다는 것이다. 모스의 제5책은 이들 자료들을 분석해 기존 4책들의 보완으로 출판되었다.[15]

제1장 서론Introductory

서론에서는 유럽 열강들이 15세기 이후 인도로 향하

는 길을 모색한 원인을 간략하고 요령있게 먼저 적고 있다. 15세기 후반 유럽 열강은 오토만제국이 알렉산드리아Aleksandria와 레반트Levant 지역을 계속 점령해 인도로 가는 길이 차단되었다. 유럽 열강에 무역 이익을 초래하는 중국과의 비단무역이 중단되고 중세 유럽의 맛없는 식탁에 불가결한 향료무역이 차단되었다.

바다로 나아가는 인민 중에 영국과 프랑스는 좁은 해역을 넘어 대양으로 나아가길 기피하였고 한자동맹the Hanseatic League과 이탈리아 국가들은 카라반 무역과 홍해 항로에 만족하고 있었다. 스페인과 포르투갈 두 국가만이 대양으로 나아갈 수 있었다.

스페인 국왕이 재정과 선박을 마련해 1492년에 제노아Genoa 식민지가 신세계를 획득하였다. 그러나 스페인은 1493년 교황 알렉산더Aleksander 1세의 세계 분할 칙령을 준수하였다. 포르투갈은 남쪽으로 나아가 1487년에는 희망봉에 도달하였고 10년 후 1497년에 바스코 다 가마Vasco da Gama는 캘리컷Calicut에 도착하였다(p. 1).

비단을 비롯한 여러 가지 인도 상품을 포르투갈에 공급하자 포르투갈은 여러 지역에 상관商館factory을 설치하였다. 1517년에는 교역 선박들을 광동에 파견하게 되었다. 이후 15

년 동안 중국 연안 여러 곳에 상관을 설치하자 중국의 저항과 살육이 뒤따랐다. 1557년에 마카오에 정착이 허용되었다. 이제 희망봉을 거치는 동서의 교역 통로가 형성되었다(p. 2).

리스본Lisbon이 동인도 상품의 수입 중심지로 등장하게 되었다. 영국과 네덜란드는 리스본에 상당한 금액을 지불하고 의존하게 되었다. 1602년에는 네덜란드 동인도회사가 설립되었고 여러 지역에 상관이 설치되었다(p. 3).

제2장 1637년 광동의 웨델Weddell

17세기에는 독점이 세계적인 현상이었다. 1635년에 영국도 커틴Courteen W. 경을 중심으로 하는 독점회사를 설립하고 1635년 12월에 국왕 찰스 1세도 이 회사의 주식 보유자가 되었다.

1635년 12월 국왕은 이 회사에 동인도 지역 무역에 관한 권한을 부여하고 웨델 대위에게 전권을 부여해 광동 지역에 파견하였다. 제2장은 이 에피소드를 소개하고 있다. 커틴 회사는 1649년에 영국의 동인도회사에 병합되었다.

제3장 마카오Macao와 통킹Tongking

18세기 동인도회사의 중국 무역을 위한 노력은 실패였

다. 예를 들면 이 회사가 수입한 750톤의 설탕의 경우, 그 가격이 수마트라Sumatra, 인도에서 구매하는 것이 더 저렴하였다.

중국으로부터 수입한 물품은 비단silk 20~30톤, 중국 의류, 근채류根菜類China-root였고 중국 차tea는 1온스도 없었다. 명청 교체기로 무역이 제대로 이행되기 어려운 시기이기도 했다.

1658년에는 2명의 영국 상인이 사적인 신분으로 광동에 도착했으나 상륙할 수는 없었다. 네 번째로 마카오에 온 영국 선박 서렛the Surat호는 1664년 7월 12일에 도착하였다.

8월 말 중국인이 선박의 존재를 확인하고 영국 물품의 목록을 요구하였다. 이에 영국 선박은 마카오에 상륙해 교역하든지 그렇지 않으면 떠나겠다고 답변하였다. 교역은 중국이 반대하였고 영국 선박이 떠나는 것은 포르투갈이 반대하였다. 포르투갈은 긴 논의 끝에 영국 선박이 마카오에서 교역할 수 있도록 마련했으나 성공하지는 못하였다.

1671년 동인도회사는 대만, 일본, 통킨과 교역을 목적으로 엑스페리멘트the Experiment호, 리턴the Return호, 잔트the Zant호, 3척의 순양함을 파견하였다. 이들은 1672년 5, 6월에 밴텀Bantam(Java)에서 물품을 적재하였다. 모스는 이들 물품의 목록을 적어놓았다.

통킨은 중국 비단을 공급하는 유일한 곳인데 모스는 1679년 비단의 교역량과 금액을 적어놓았다.

제4장 대만과 아모이廈門[16]

대만에 관한 영국의 최초 기록은 1623년(1624) 2월 24일 선박 로얄 안느the Royal Anne호가 바타비아Battavia에서 동인도회사에 보낸 다음과 같은 내용의 서한이다. "이곳 중국 대사들은 "네덜란드가 페스커도레즈Pescadores를 떠나 테이완Taywan에 거주한다면 통상하겠다." 네덜란드는 이 제안을 수락해 포르투갈 사람이 호르모사Formosa라고 명명한 섬을 점령하고 페스커도레즈를 떠났다.

영국은 네덜란드가 떠나고 10년 후 근 50년이 지나서야 대만에 오게 된다. 1671년 영국의 두 선박이 대만에 상관 설치를 위해 이곳에 파견되었으나 해상에서 실종되었다. 1672년에 리턴the Return호, 엑스페리멘트the Experiment호, 두 선박이 대만과 일본에 파견되었으나 일본은 이들 선박을 2개월 동안 입국을 불허한다고 통보하였다. 리턴호는 1673년 9월 13일 마카오에 입항하였다.

1681년 동인도회사가 아모이 항구에서 교역한 물품 목록과 가격 명세표를 모스는 적어놓았다.

제1책 부록

1635~1753년 중국과 교역으로 광동에 파견한 동인도회사 선박 목록.

■ 제2책

제43장 캐스카트 사절단Lt−Col. Cathcart's Embassy, 1788

1787년의 가장 중요한 사건은 벵갈Bengal에 주둔한 영국군의 병참관兵站官 캐스카트Cathcart, Charles의 중국 파견이다. 캐스카트는 영국, 프랑스, 아일랜드 국왕이 영국과 중국 무역의 문제점을 조정하기 위해 중국 황제에 파견하는 사절이고 동인도회사의 사절은 아니었다.

1787년 11월 30일 자 훈령에 따르면 북경으로 직행해 교섭할 것을 명시하고 있다. 다음의 주요 문서들을 부록으로 첨가하고 있다.

부록 A. 1787년 8월 18일 캐스카트의 예비 제안

부록 B. 1787년 11월 30일 캐스카트에 수교 훈령

부록 C. 1787년 11월 30일 영국 국왕이 중국 황제에 보
　　내는 서한

부록 D. 1787년 11월 30일 바트R. Strachen, Bart 대위에 보
    낸 훈령
부록 E. 1787년 11월 30일 위 대위에 수교한 보충 훈령
부록 F. 1787년 11월 30일 캐스카트 신임장

제49장 매카트니 경 사절단Lord Macartny's Embassy, 1793[17]

1788년 캐스카트의 사망 소식이 런던에 전달되자 캐스카트 사절을 파견했던 외상 던다스Henry Dundas는 곧 후임 선발을 착수하였다. 그는 벵갈Bengal 총독 콘월리스Cornwallis 경에게 추천을 의뢰할 생각이었다. 그러나 그에게 부탁한다는 훈령은 발송되지 않았고 이 문제는 2~3년 동안 잊히게 되었다. 1791~2년에 외상이 매카트니[18]를 거명하자 다시 이 문제가 부각되었다.

그는 유능한 행정가로 알려져 있었다. 러시아 주재 공사 2년 후 대사로 승격했으나 거절하고 귀국하였다. 1768년 아일랜드 의회에 당선, 아일랜드 사무장이 되었다.

매카트니는 던다스 외상의 요청에 대하여 1792년 1월 4일 그의 임무에 관한 의견을 외상에 서한을 전달하였다. 내용은 다음과 같다.

'북경 정부를 놀라게 하면 안 된다. 사절단이 오는 것을 적당

한 기간에 예고해야 한다; 특히 사절단의 목적이 과거의 불만을 수정하는 것이 아니라고 선언해야 한다. 중국 황제 80세 축하라는 것, 두 나라의 상호 이익을 위한 무역의 토의라는 것, 동양의 영국 국왕의 선박을 이용하고 적당한 군사력의 호위 필요.

달성해야 할 목적들

1. 광동 무역의 여러 제약들의 제거, 자유스런 교역이 되도록

2. 저렴한 가격으로 중국 상품의 수출 보장. 상품 산지에 가까운 곳에서 교역하도록

3. 수출과 수입관세 철폐할 것. 또는 교역이 시작할 때 부과된 비율로 감소할 것. 특히 중국인 외국 상인에게 추후 발생한 부채를 제거할 목적으로 부관된 수출관세를 제거할 것.

4. 영국 상인을 최소한 포르투갈 상인과 같은 지위로. 특히 중국 대륙이나 인접 도서島嶼에서 편리한 거주지를 허용받을 것. 마카오에서 포르투갈에게 허용된 것과 같은.

5. 동인도회사 직원이 부당한 대우를 받지 않는다는 황제의 칙령을 획득할 것.

6. 영국의 중국 수출을 증가토록 할 것. 모피 수출과 함께 인도의 영국 교역의 여러 상품 수출을 장려해 중국 교역 수지收支를 영국에 크게 유리하게 할 것.

사절단에는 과학자와 예능을 지닌 인사를 포함해 영국 문

화로 중국에 감명을 줄 것. 광동에 주차할 영사는 동인도회사 직원보다 더 유능한 인사를 파견할 것.

이런 의견에 대해 동인도회사 의장은 상관을 공사관에 종속시키면 안 된다는 의견 제시. 매카트니 동의. 5월에 특명 전권대사로 임명하고 9월 8일에 훈령을 전달하였다.[19] 훈령은 다음과 같다.

'훈령의 세부 사항에 구애되지 말고 다음 세 가지는 자세히 전달할 것.

- 교역의 확대는 두 나라에 유익하다는 사실
- 영국 교역의 안전한 창고를 위한 장소 필요
- 영국의 입장은 순전히 상업적인 점 강조

영국은 중국의 아편 금지를 인정하며 중국과 우호, 동맹조약을 교섭할 의사가 있다는 점을 매카트니에게 전달하였다.

모스는 매카트니의 자세한 여행일지와 내용, 교섭사항, 중국 황제의 알현에 관해 자세히 적고 있다.

부록 G.[20] 1792년 9월 8일 자 매카트니에 교부한 훈령

부록 H. 중국의 채무 상환을 강요하지 말라는 같은 날 훈령

부록 I. 조지 3세 국왕이 중국 황제에게 보내는 서한

부록 J. 중국 황제가 영국 국왕에게 보낸 회답

부록 K. 1793년 매카트니가 광동 총독에 보낸 요구사항

잊혀진 동아시아
외교사 전문가들

기타 요구사항

제73장 애머스트Amherst 경 사절단, 1816

애머스트Amherst, William P. (1773~1857)는 1816~1817년 중국에 파견된 사절이었다. 모스는 이 사절단의 구성원 엘리스Ellis. H.(1818)[21]와 데이비스Davis. J. F(1841)[22]의 글을 참조할 것을 권유하고 있다. 이 장은 애머스트 사절단이 광동과 마카오의 상관에 미친 영향을 적고 있다.

부록 V. ① 영국 섭정 국왕이 중국 황제에게 보낸 서한, ② 1816년 1월 1일 자 카슬레이 경이 애머스트 대사에게 보낸 서한, ③ 1816년 1월 17일 통상 비밀위원회가 애머스트에게 보낸 서한, ④ 영국 사절단이 준수해야 할 의전 개요, ⑤ 중국 황제가 작성한 사절단에 관한 문서, ⑥ 중국 황제가 영국 국왕에게 보낸 답변, ⑦ 아톤튼Ataunton, G. T.의 각서 ⑧ 보그Bogue 요새의 통과.

제77장 조용한 연도, 1820
부록 W. 아편무역 지시 사항들
부록. 1805~1820년 광동 정박 동인도회사 선박 명단

■ 제4책

제78장 에밀리The Emily호와 토파즈The Topaze호 사건, 1821

5월에 광동에 도착한 미국 선박 에밀리호, 그리고 마카오
에 도착한 토파즈호 사건의 경위

1. 1821년 광동에서 수입한 영국, 미국 수출의 달러 금액

2. 1821년 열강의 중국에 수출한 아편의 금액

3. 1821년 광동에서 열강에 수출한 금액

부록 X. 에밀리호 문제에 관한 성명

부록 Y. 토파스호 사건에 관한 보고서

부록 Z. 아편무역 금지의 부활

제89장 마카오의 장애: 린친Lintin의 아편, 1831

부록 AA. 아편무역 자료들

제90장 중국 관헌과 분쟁, 1831

부록 AB. 1831년 5월 20일 자 외국인의 8개 금지사항에
관한 총독 명령

부록 AC. 동인도 광동위원회의 총독 명령 준수 문서

부록 AD. 마카오 상관의 동상 준수 문서

부록 AE. 광동 영국 상인의 동상 준수 문서

부록 AF. 마카오 영국 상관의 동상 문서

부록 AG. 동인도 광동위원회가 인도 총독에게 발송한 문서 발췌

부록 AH. 총독에 제출한 개혁 요구

제4책 부록

1821~1833년 광동에 파견된 선박 명단. 1818~1827년 벵갈Bengal, 말와Malwa 지역의 아편 생산 총액. 1804~1828년 광동 파견 미국 선박 목록. 위 선박들의 수출입 금액.

제5책 보완Supplementary, 1742~74

제109장 차茶로 넘쳐난 런던 시장市場, 1774

부록 AL: 매카트니 사절단 호위 선박의 항해일지

■ 제5책 부록

1743~74년 중국과 교역한 동인도회사 소속 선박 목록

부록 《중국과 교역하는 동인도회사 연보》 목록

모스의 《중국과 교역하는 동인도회사 연보》는 총 109장이다. 독자의 이해를 위해 목차와 페이지를 부록으로 첨부

한다. 간략한 소개도 겸했다. 목차를 보면 내용을 추측할 수 있으리라 믿는다.

■ 제1책

서문Prefactory Note(pp. vii~x)

제1장 서론Introductory(pp. 1~13)

제2장 1637년 광동의 웨델Weddell(pp. 14~30)

제3장 마카오Macao와 통킹Tongking(pp. 31~40)

제4장 대만과 아모이廈門(pp. 41~49)

제5장 아모이, 1683~1689(pp. 50~65)

이 기간에 영국의 동인도회사가 아모이 항구에서 수행한 중국과의 경제 관계

제6장 동인도회사의 물품 감독관(pp. 66~77)

감독관들의 지식 요건, 봉급, 의무사항

제7장 마카오의 방위, 1689~1690(pp. 78~84)

영국 조정, 아모이가 중국 교역 중심지 역할에 실망. 중국의 부당한 요구가 과중할 뿐 아니라 비단silk을 양호한 조건으로 교역 불가. 비단 교역은 통킨이 더 양호. 중국 차의 교역 시기는 아직 오지 않았음.

1689년 7월 동인도회사, 디펜스the Defence호 광동에 파

견, 9월 1일 마카오에 정박. 12일 통킨에 도착. 다음 날 물품 관리관, 호포Hoppo[23] 예방; 모든 편의 약속, 그러나 영국 선박의 정박지를 문제삼아 영국 선박이 Whampoa[Huang-pu]黃浦로 가는 것을 거절.

제8장 광동의 매클레스필드the Macclesfield호, 1699~1700 (pp. 85~98)

모스, 동인도회사 규정 비판. 제임스 2세에서 윌리엄과 메리로 왕위 변동. 그러나 회사는 1693년 10월 7일 모든 특권 유지의 새 헌장 받음. 그러나 특권은 21년 기간에 국한. 회사는 이 기간에 중국 무역을 회사의 위임을 받은 개인 교역자에게 위임. 이 기간 영국과 중국의 무역 현황. 매클레스필드호와 중국, 포르투갈의 교섭 상황과 교역량.

제9장 중국 교역의 조건(pp. 99~108)

18세기에 들어서자 영국은 중국 무역의 문턱에 들어섰으나 아직 양국 사이에 교역회의를 구성할 단계는 아님. 그러나 충분한 자료는 있음. 이런 자료들 소개.

제10장 주산舟山Chusan이사회, 1700~1703(pp. 109~121)

1699년 동인도회사, 중국 문제 의장과 이사회 지명. 의장은 캣치풀Catchpoole, Allen. 국왕은 그와 그의 후계자를 중국 주재 총영사로 임명.

영국 조정의 훈령: 영파寧波Limpo, Nigpo로 나아갈 것. 남경南京과 같이 무역에 필요한 다른 지역을 선정할 것. 상관 설치가 불가하면 사정이 허락하는 교역 방식으로 할 것. 우리의 모직 상품 판매의 장소를 물색할 것. 이사회는 의장과 4인의 상인으로 구성할 것.

1700년 10월 11일 의장, 주산에 도착, 총독으로 호칭하는 중국 관리와의 교섭 내용. 주산에서 양국의 교역 내용

제11장 통합 무역의 관리인, 1702(pp. 122~126)

1701년 12월 24일 두 동인도회사의 본부[24]는 해외로 나가는 선박들에게 두 회사의 통합이 결정되었으나 당분간 독자적으로 수행한다고 통보. 모스는 1702년 무역 통계를 자세히 소개.

제12장 주산과 아모이, 1703~1704(pp. 127~134)

동인도회사는 중국 무역 분쟁에 체계적으로 편입. 후추 pepper는 스마트라에 기초, 극동의 두 지역에 영국 선박 기지. Benjarmassin은 후추, Pulo Condore는 방문 항구.

두 회사의 분쟁으로 1703년에는 인도에서 영국으로, 영국에서 중국으로 가는 선박 없음. 3척의 선박만이 인도에서 중국으로 출항. 이들 선박의 무역 현황.

제13장 황제의 상인, 광동, 1704(pp. 135~145)

1704년 8월에 마카오에 도착한 스트레담the Stretham호를 비롯해 켄트the Kent호, 이튼the Eaton호의 교역과 금액.

제14장 아모이의 엔느호, 1715(pp. 146~153)

1705~1711년 영국의 중국 무역 자료는 존재하지 않으나 모스는 여러 관련 자료들을 동원해 보충하고 있다.

제15장 물품 감독관 이사회, 1716(pp. 154~160)

1716년 동인도회사가 광동에 파견한 3척의 무역선에 교부한 훈령, 교역의 내용.

제16장 상인조합의 형성, 1720(pp. 161~170)

상인조합에 관한 모스의 연구는 전술한 바 있음. 제1책의 부록 "1635~1753년 교역을 위해 중국에 파견한 선박들의 목록."

제17장 총독-호포Hoppo, 1724(pp. 171~182)

1722년 교역을 위해 중국으로 떠난 4척의 무역선의 현황.

제18장 10퍼센트, 1728(pp. 183~196)

1727년 광동에 파견된 동인도회사 선박 아우구스투스the Prince Augustus호의 교섭 사항.

제19장 동인도회사 이사장의 유임, 1730~1731(pp. 197~207)

1730년 광동에 파견된 4척의 동인도회사 선박의 교역 현황.

제20장 아편의 금지(pp. 208~219)

1732년 광동에 파견된 4척의 동인도회사 선박의 교역 현황. 아편에 관한 최초의 언급 소개.

제21장 아모이에서의 노력, 1734(pp. 220~229)

광동 무역의 문제점 해소를 위한 노력.

제22장 두 이사회의 갈등, 1735(pp. 230~238)

1735년 동인도회사는 광동에는 2척을, 아모이에는 1척의 선박을 파견. 동인도회사의 훈령이 두 경우 상치.

제23장 영파寧波의 노만톤the Normanton호, 1736(pp. 239 ~246)

노만톤호의 교역 현황.

제24장 중국 황제의 은총 명령The Emperor's Act of Grace, 1736(pp. 247~256)

1736년 현재 광동에 정박하고 있는 열강의 선박에 대한 중국 황제의 명령.

제25장 실현되지 않은 기대, 1737~1738(pp. 257~264)

1737년에 동인도회사는 광동에 4척, 마드라스Madras에 1척, 영파에 1척 파견.

제26장 동부 항행로, 1739~1740(pp. 265~275)

중국행 선박의 관례적인 출발지인 영국 다운스Downs가 아닌 스피트헤드Spithead에서 출항한 선박 휴튼the Houghton호의 교역 관계.

제27장 영국-스페인 전쟁, 1741(pp. 277~282)

전쟁이 영국의 중국 무역에 미친 여러 에피소드.

제28장 1742~1753(pp. 283~294)

런던에서 영국 상품을 적재한 디펜스the Defence호, 봄베이에서 인도 상품을 적재한 온슬로우the Onslow호의 교역 관계.

제29장 1754년에서 1774년의 간격(pp. 295~305)

기록의 미비. 제1책 서문 참조.

제1책 부록

1635~1753년 중국과 교역으로 광동에 파견한 동인도회사 선박 목록

■ 제2책

제30장 1775, 1776년 이사회(pp. 1~12)

1775년 이후 물품 관리인과 중국 상인들의 정직성이란 새로운 현상.

제31장 웨하이관粤海關監督과의 분쟁, 1775~1776(pp. 13~22)

영국의 물품관리인과 중국의 웨하이관 감독의 새로운 불화.

제32장 부채의 징조, 1777(pp. 23~29)

새로 나타난 중국의 부채.

제33장 이사회의 이견들, 1778(pp. 30~38)

동인도회사 재정에 관한 이견들.

제34장 중국의 부채, 1779(pp. 39~49)

여러 형태의 중국 부채 현황.

제35장 부채 교섭, 1780(pp. 50~60)

중국 부채 상환에 관한 교섭들.

제36장 이사회의 복원, 1781(pp. 61~73)

동인도회사의 중국 파견 직원들의 건강 상태. 1780년 이후 교역 현황.

제37장 아편 투기投機, 1782(pp. 74~82)

여러 형태의 아편 투기 현황.

제38장 물품관리인과 상인들, 1783(pp. 83~93)

1783년 이사장 교체 당시 장부 현황.

제39장 레이디 휴스the Lady Hughes호, 1784(pp. 94~109)

1784년 11월 황포강 정박 휴스호 사건.

제40장 귀정법歸正法, 1785(pp. 110~117)

중국 차 수입관세를 인하한 규정법

제41장 선발위원회, 1786(pp. 118~134)

6인으로 축소된 선발 위원회의 재정 상태.

제42장 모피 교역, 1787(pp. 135~150)

선발위원회 주관의 교역 현황.

제43장 캐스카트 사절단Lt−Col. Cathcart's Embassy, 1788

잊혀진 동아시아
외교사 전문가들

(pp. 151~171)

부록 A~F

제44장 중국 황제 알현 제안, 1789(pp. 172~178)

열강의 광동 교역의 현황. 10월 중국 황제 알현 제안, 선방 위원회에 전달.

제45장 비밀위원회, 1790(pp. 179~183)

회계장부 현황. 광동 정박 영국 선박의 현황.

제46장 모피 무역: 대리 상사商社, 1791(pp. 184~191)

회계장부 내용. 열강의 광동 무역, 열강의 모피 무역.

제47장 비밀, 감독위원회, 1792(pp. 192~204)

열강의 교역 내용.

제48장 프랑스와의 전쟁, 1793(pp. 205~212)

1792년 열강의 프랑스 전쟁 시기 열강의 중국 무역.

제49장 매카트니 경 사절단Lord Macartny's Embassy, 1793 (pp. 213~254)

부록 G~K

제50장 시 킨쿠아의 파산, 1794(pp. 255~264)

공행상인 시 킨쿠아Shy Kinqua[25]의 파산 현황.

제51장 공행상인의 부활 시도, 1795(pp. 265~276)

동인도회사 16척 선박의 물품 현황.

제52장 동양 해역의 해군 전쟁, 1796(pp. 277~293)

동인도회사의 중국 파견 23척 선박의 교역 물품. 공행상 인과의 교역량.

제53장 공행상인과의 관계, 1797(pp. 294~303)

1797년 열강과 공행상인의 교역량.

부록 L; 광동 정박 선장이 선발위원회 의장에 보낸 서한

제54장 차茶의 평가, 1798(pp. 310~320)

공행상인들과의 교역 현황

제55장 아편 선적 금지 문제, 1799(pp. 321~346)

열강 선박의 아편 선적 금지 문제

부록 M: 1799년 12월 아편 판매 금지 칙령

제56장 탐욕의 호포Hoppo, 1800(pp. 347~356)

광동 동인도회사 선박과 물품, 공행상인들에 배분된 물 품들, 호포의 횡포 적시

제57장 영국의 마카오 위협, 1801(pp. 357~372)

동인도회사 선박 25척 광동 파견, 교역 현황, 열강의 광 동 교역.

부록 N; 1802년 1월 광동의 물품관리인에 보낸 서한 등 7 개 서한

부록 N; 1802년 1월 22일 광동 선발위원회에 제출한 서

잊혀진 동아시아
외교사 전문가들

한(pp. 373~387)

제58장 프랑스와 평화, 1802(pp. 388~399)

열강의 교역 내용, 공행상인들과의 계약 내용

제59장 유럽전쟁의 재발, 1803(pp. 400~410)

열강의 통상 내용

부록 O; 1803년 1월 27일 유럽 정국과 영국 교역 보호에
　관한 선발위원회 의견(pp, 411~414)

제60장 해적과 아편, 1804(pp. 415~435)

제2책 부록; 1775~1804년 광동 정박 동인도회사 선박
목록

■ 제3책

제61장 해적: 영국 국왕의 선박들, 1805(pp. 1~25)

영국과 중국의 해적 문제 의견 교환

부록 P; 동인도회사가 호포에 보낸 영국 선박 지위에 관
　한 서한

제62장 냅튠호 사건, 1806~1807(pp. 26~53)

부록 Q: 영국 국왕의 고려를 위한 중국 황제의 선언

부록 R: 냅튠호 선원의 재판

제63장 콘수Consoo 기금, 1807(pp. 54~75)

공행상인 병폐 방지 자금

부록 S: 아편 수입 금지의 호포Hoppo 명령 번역

제64장 영국의 마카오 점령, 1808(pp. 76~99)

부록 T: 1809년 3월 3일 선발위원회가 비밀위원회에 제
    출한 보고 요약 외 문서 2건

제65장 해적 진압, 1809(pp. 100~129)

부록 U: 공행상인들이 전달한 아편의 수입과 금, 은 수출
    을 금지하는 두 칙령 번역

제66장 강탈과 살인, 1810(pp. 130~156)

중국 무역의 특징

제67장 총독과의 우호관계, 1811(pp. 157~173)

제68장 보조 관리의 협박, 1812(pp. 174~188)

제69장 호포와 총독의 폭정, 1813(pp. 189~204)

제70장 미국 선박과 영국 순양함, 1814(pp. 205~225)

제71장 공행상인들과의 어려움, 1815(pp. 226~241)

제72장 아편 모색, 1816(pp. 242~255)

제73장 애머스트Amherst 경 사절단, 1816(pp. 256~306)

부록 V

제74장 콘수Consoo 기금, 1817(pp. 307~329)

콘수 기금 내역

부록: 1817년 영국과 미국의 광동 교역의 내용

제75장 아편과 은의 고갈, 1818(pp. 330~345)

아편무역과 중국의 은 고갈

부록: 1818년 광동의 수출입 현황

제76장 마카오와 황포黃浦의 아편, 1819(pp. 346~367)

열강의 아편을 포함한 교역 현황

부록 1: 영국과 미국의 공적 교역 현황

제77장 조용한 연도, 1820(pp. 367~384)

부록 W: 아편무역 지시사항들

제3책 부록: 1805~1820년 광동 정박 동인도회사 선박 명단

■ 제4책

제78장 에밀리The Emily호와 토파즈The Topaze호 사건,
1821(pp. 1~51)

부록 X~Z

제79장 외국 상관의 화재, 1822(pp. 52~69)

아편무역을 포함한 광동의 수출입 내용

제80장 린친Lintin항의 정박, 1823(pp. 70~86)

산동山東반도 서부 항구 린친에 아편 선박 정박 문제

제81장 동부 연안의 아편 교역, 1824(pp. 87~101)

제82장 마카오에 계절적인 이주, 1825(pp. 102~121)

제83장 아편이 부족한 지역의 밀수입, 1826(pp. 122~143)

제84장 [중국] 관리들과의 관계 개선, 1827(pp. 144~160)

제85장 공행상인과 소매상인, 1828(pp. 161~183)

제86장 상관의 현황, 1829(pp. 184~198)

제87장 광동 주재 동인도회사 지사와 중국 당국의 분쟁, 1829(pp. 199~221)

제88장 부인들: 의자가마: 비행, 1830(pp. 222~251)

제89장 마카오의 장애: 린친Lintin의 아편, 1831(pp. 252~277)

부록 AA

제90장 중국 관헌과 분쟁, 1831(pp. 278~323)

부록 AB~AH

제91장 애머스트 경의 여행, 1832(pp. 324~341)

제92장 선별위원회와 자유상인들, 1833(pp. 342~368)

제4책 부록 (위 내용 참조)

제5책

제93장 잡다한 분쟁, 1743~1747(pp. 1~8)

제94장 치외법권의 요구, 1753~1754(pp. 9~20)

제95장 공행상인의 독점, 1755(pp. 21~44)

부록 AI: 공행상인에 대한 교역의 제한

제96장 광동의 하나의 위원회, 1756(pp. 45~48)

제97장 영파寧波의 공격, 1755~1757(pp. 49~63)

제98장 광동 무역, 1757~1758(pp. 64~67)

제99장 영파의 여파, 1759(pp. 68~84)

제100장 상인들의 연합, 1760(pp. 85~98)

부록 AK: 광동 무역 통제를 위한 규정들

제101장 스코토위Skottowe, Nicholas 대위의 임무, 1761 (pp. 99~106)

제102장 훌륭히 성립된 공행公行, 1762~1764(pp. 107~122)

제103장 영국 선박 아고Argo호의 측량, 1765~1767(pp. 123~132)

제104장 공행상인과의 관계, 1768(pp. 133~143)

제105장 공행상인의 해산, 1769~1770(pp. 144~154)

제106장 교역 물품의 조직, 1771(pp. 155~164)

제107장 통관절차 발급의 지연, 1772(pp. 165~175)

제108장 프랜시스 스코트Francis Scott 사건, 1773(pp. 176 ~185)

제109장 차茶로 넘쳐난 런던 시장, 1774(pp. 186~197)

부록 AL

제5책 부록

주석

1. 빅터 키어넌Edward Victor Gordon Kiernan

[1] 영국 제국주의의 철저한 반대자 키어넌은 영국식 이름 에드워드Edward 를 사용하지 않았다. 키어넌의 중간 이름 고든Gordon은 수단의 하르 툼Khartum을 정복한 영국 제국주의 장군 찰스 조지 고든Charles George Gordon(1833~1885)과 같다. 키어넌은 가장 뛰어난 반反제국주의 이념 의 전사戰士였으므로 고든도 사용하지 않았다. 그의 이름이 '빅터 키 어넌'으로 통용하게 된 배경이다. *The Lords of Human Kind, European Attitudes towards the Other Cultures in the Imperial Age*의 2015년 판版 Trumpbour(2015)의 서문 p. xiv.

[2] Kaye, H. J.(1998), *History, Classes and Nation-States, Selected Writings of V. G. Kiernan*; Hobsbawm, E.(2002), *Interesting Times, An Twentieth-Century Life*; Neil Davidson, "There's no place like America today," International Socialism, 3 feb. 2006; Eric Hobsbawm, "Victor Kiernan, Historian with a global vision of empires, politics and poetry," *The*

Guardian 18 feb 2009; "Professor Victor Kiernan; Marxist historian and prolific writer of books, essays and poetry in translation," *The Times*, May 14, 2009.

3 *Hobsbawm*(2002), p. 97.

4 이 점은 키어넌의 부인도 지적하고 있다. "크리스토퍼 힐, 로드니 힐 톤, E. P. 톰슨은 그들의 주요 역사 저술에서는 주로 영국 문제를 다루 었으나 에릭과 빅터는 시간과 대륙을 넘어 야심찬 진출을 하였다." H. Kiernan, Prefactory Note, Kiernan(2015), p. ix.

5 1939년의 저서는 327페이지이므로 결코 소책자는 아니다. 키어넌이 이렇게 겸손해 하는 경우는 매우 드믈다.

6 템펄리는 실로 저명한 역사학자(1879~1939)였다. 제1차 세계대전이 종 식되자 독일이 먼저 전쟁 책임 문제에 관하여 외교문서를 발표하자 영 국도 문서 발간을 결정하였다. 템펄리와 구츠Gooch G. P.가 편집한 11 권 13책이 그것이다. 김용구(2006), 《세계외교사》, pp. 875~876 참조.

7 Octagon판 서문, p. x.

8 이들 조선 관련 문서에 관해서는 한승훈, 〈19세기 중반 영국의 대조선 문호 개방정책 기원〉(2017), p. 10 이하 참조.

9 Kiernan(1939), p. 73.

10 한승훈의 앞의 논문 p. 11 이하.

11 김용구(2009), p. 67. 이 저서의 초판 출판은 2008년이 아니라 2009년 이다.

12 Kiernan(1939), p. 74. 영국의 동북아 정책 수립과 집행 과정에서 팍스 Parkes, Harry Smith(1828~1885)의 역할은 대단한 것이었다. 그는 동북 아 국제정치 문제에 있어서 러시아 진출을 저지하는 데에 주력하였다.

팍스의 러시아 위험에 관한 자세한 견해에 관해서는 김용구(2001), pp. 240~248 참조.

13 Kiernan(1939), p. 74. 키어넌은 파리 주재 애덤스Adams, F. O.가 텐터 딘Tenterden 경卿에게 보고한 FO. 363의 문서를 인용하고 있다. 애덤 스는 프랑스 주재 대리 대사(1875~1882)였고 그의 보고서는 FO. 363 Tenterden Papers 1에 소장되어 있다. Roper, M(1969), *The Records of the Foreign Office 1782~1968*, p. 298.

14 Kiernan(1939), p. 75. Parkes 174, 10, 10, 79, FO. 46.

15 서리 북양대신 동순董恂을 지칭; 필자.

16 ibid, p. 76. Wade 91, FO. 17.

17 스펜스가 조선을 방문하게 된 계기에 관해서는 김용구(2001), p. 373 참조.

18 Kiernan(1939), p. 79. Kennedy 131, FO. 46.

19 ibid, p. 79, to Wade 7, FO. 17.

20 ibid, p. 79, Wade 17, FO. 17.

21 ibid, p. 81. Wade 19, FO. 17.

22 ibid, p. 81. Wade 20, 비밀, FO. 17

23 ibid, p. 81.

24 ibid, p. 82.

25 ibid, p. 83. Hughes 29, Wade 33. FO. 17

26 ibid, p. 83.

27 ibid, p. 83. Wade 51, FO. 17. 《근대한국외교문서》, 5, 문서번호 97, pp. 323~333.

28 Kiernan(1939), p. 83. Wade 51, F. O. 17.

29 ibid, pp. 84~85. Wade 1, 2, FO. 17

30 ibid, p. 85. Grovsvenor 94, FO. 17

31 ibid, p. 85. Grosvenor 85, FO. 17

32 ibid, p. 85. 뉴욕 주재 조선 총영사 Frazar의 팸플릿 "Korea,", 1894

33 영국의 비준 거부와 새로운 제2차 조약 체결 경과에 관해서는 김용구 (2001), pp. 382~402 참조.

34 Kiernan(1939), p. 101. 155 FO. 17.

35 ibid, p. 101. 국회의원 렌델Rendell, S.이 외무성에 보낸 전보, 940 FO. 17.

36 ibid, p. 102. 913 FO. 17.

37 ibid, p. 102. 914 메모 FO. 17. 런던, 상해, 홍콩, 요코하마의 상공회의소에 조선에 관한 문서들을 비밀리에 알려주고 조약에 관해 의견을 물었다. 이들은 여러 반대 의견을 제시하였다. 940 FO. 17. Grosvenor의 메모, 900 FO. 17. 인도 사무상事務相의 의견도 물었다. 942 FO. 17.

38 ibid, p. 102. Granville의 메모, 915 FO. 17.

39 팍스는 일본을 떠나기 전에 김옥균을 만났다. 김옥균은 조선에 곧 혼란이 야기될 것이라고 전하였다. Parkes 114, 비밀 FO. 46

40 ibid, p. 105. FO. 암호 전문, 21 & 25, FO. 17.

41 ibid, pp. 105~106. Parkes 37, FO. 17

42 ibid, p. 108. Parkes 54, FO. 17

43 ibid, p. 109. Parkes, Corea 1, 28, FO. 17. 키어넌은 Corea 33까지 인용하였다. p. 112, note 6.

44 Wikipedia의 Kiernan 항목 저서 목록에 보면 제일 먼저 적혀 있는 것이 *The Dragon and St. George: Anglo-Chinese Relations 1880~1885*(1939)이다. 성조지가 용龍을 죽인 언덕이라는 문학적 표현에서 유래한 것이다. 그러나

이 제목으로 활자화되지는 않았다. 추측하건데 키어넌이 주위 사람들에게 이런 제목으로 책을 쓴다고 말한 것이 와전된 것이 아닌가 한다. 이 제목은 키어넌의 문학적 취미에 걸맞는 표현이다.

2. 알렉세이 레온티에비치 나로치니츠키Aleksei Leontevich Narochnitskii

1 *Rossiya i Koreya*(1979, 2004).

2 〈Narochnitskii, Aleksei Leontevich〉, *Vikipediya*, 소련백과사전(1979).

3 러시아 미간 자료에 관해 국내 학계의 소개는 매우 불완전하다. 국내의 기존 연구는 2018년(김용구), p. 290의 소개글 참조.

4 김용구(2018), P. 288.

5 이 회사에 관해서는 김용구(2018), p. 21, 83 참조.

6 Rezanov, N. P.(1764~1807)는 러시아-미국 회사 창립자의 한 사람.

7 Koyander의 재임 기간은 1878. 3. 31~1881. 4. 8. 이어서 러시아 문서 날짜에 착오가 있음.

8 이그나티에프 임명 문제에 관해서는 김용구(2018), p. 94 이하 참조.

9 Dmitrii A. 육상(1861~1881).

10 1857~1869년 미국 주재 러시아 공사 Edvard A. Steckl을 지칭.

11 중국 주재 러시아 공사 Aleksandr G. Vlangali.

12 Peter N. Stremoukhov 아시아국장(재직 기간; 1864~1875)

13 Korsakov, M. S. 동시베리아 충독(1861~1871).

14 러시아 주재 미국 공사 N. S. Brown(재임기간; 1850~1853)

15 외무차관 Lev G. Senyavin(1850~1856)

16 1946년에 1763~1871년 유럽 국제관계사를 4책으로 발표한 것으로 나로치니츠키 문헌에는 적혀 있다. 그러나 하버드대학을 비롯한 미국의 어느 대학도 이 자료를 보유하고 있지 않다. 또 이들 자료를 인용한 연구도 구소련이나 러시아에서 찾아 볼 수 없다. 간략한 형태의 비학문적인 글이 아닌 가 추정된다.

17 이 저서는 공동연구의 형태로 발간해 각 장의 집필자를 밝히고 있지 않다. 그러나 이 장의 내용으로 보아 나로치니츠키의 글이 확실하다.

3. 블라디미르 엠마누일로비치 그라바르Vladimir Emmanuilovich Gravar

1 크릴로프Krylov S. B., 두르데네프스키Durdenevskii V. N. 두 교수가 편집하고 과학아카데미와 법학연구소가 1958년에 출간하였다. 총 491페이지. 이 저서에 관한 여러 서평에 관해서는 Butler(1990), p. 582, Gr87 참조.

2 SEMP, 1959, M. 1960, pp. 438~445.

3 SEMP, no. 11, 1985, pp. 120~127.

4 그라바르 생애에 관해서는 *Materialy*, pp. 319~320; 김용구(1982), 《러시아 국제법사》, pp. 72~74; DS, 1, p. 269; Butler(1990), pp. xxx~xlvii, 398~400; Mironov N. V.(1984), 〈V. E. Grabar〉, SEMP, 1984, pp. 255~259. 참조.

5 김용구(1982), pp. 301~304; Butler(1990), pp. 579~586.

6 김용구(1982), p. 4, 74; Butler(1990), p. 581, Gr80.

7 D. L. 〈반동적 해명에 있어서의 과도기 국제법, 그라바르 교수와 코로

빈 교수의 논쟁과 관련하여Mezhdunarodnoe pravo perekhodnogo perioda v reaktsionnom osveshchenii, po povodu polemiki mezhdu prof. Grabarem i prof. Korovinem〉, RP, 1928, no. 5, s. 113~119, 김용구(1979), p. 20. 1920년대 국제법의 대가들인 그라바르와 사바닌Sabanin A. V.(1887~ 1939)의 부르주아적이고 반마르크스적인 태도에 대해 후일 소련 학자들은 난처한 입장에 처하게 되었다. 김용구(1994), pp. 22~24; 김용구(1996), pp. 62~64 참조.

[8] 대사국의 변동에 관해서는 김용구(2018), p. 28 참조.

[9] 대사국 존속 기간(1549~1699)의 책임자 명단은 Takhenko G.(1993), "The Russian Diplomatic Service since its Earliest Days," International Affairs(Moscow), 2, p. 122.

[10] P. P. Petarskii, *Istoriia Imperatorskoi Akademii v Peterburge*페테르부르크 제국아카데미 역사, Spb, 1870~1873, p. 310; 김용구(2018) p. 268.

[11] *Materialy*, p. 151.

[12] 그에 관한 자료는 *Materialy* p. 154, note 185 참조.

[13] 막강한 권력을 가진 기사근위대騎士近衛隊의 책임자. 김용구(2018), p. 206 이하 참조.

[14] 이 문서집의 해설은 *Materialy*, p. 155; 김용구(2018), p. 268.

[15] 필자는 동양외교사의 핵심이 러시아와 영국의 대립에 있다는 점을 명쾌한 논리로 분석한 마르텐스의 1880년의 논문('Le conflit entre la Russie la Chine, son développement et sa portée universelle," Revue du droit international, XII(1880).)을 읽고 감명을 받은 적이 있다. 이 논문은 다음 해에 러시아어로 출간되었다. 《러시아와 중국*Rossiya i Kitai*》(SPb., 1881). Rustogarov V. V.(1993, 2000), *Our Martens*, Translated by W. E.

Butler(2000), pp. 135~140. 러시아 국제법사에 있어서 마르텐스는 학문과 국제정치 현실을 넘나드는 특이하고 저명한 학자였다. 그의 박사학위논문 제목에서 보듯이 동양 문제에 대해 깊은 관심을 갖고 있었다. 다만 그라바르는 마르텐스의 동양 관련 글들을 충분히 전달하지 못한 아쉬움이 있다.

[16] 그라바르는 이런 업적들과 함께 시사 문제에 관해서도 집필한 목록을 적었으나 전술한 바와 같이 불완전한 것이었다.

[17] 이런 입장에 특히 다네프스키Danevskii V. P.가 반대하였다고 그라바르는 적고 있다. 다네프스키에 관해서는 §38. 하르코프Kharkov대학, pp. 327~328 참조.

[18] 자세한 서적 명칭은 Butler(1990), p. 614, D. 87참조.

[19] 그라바르는 마르텐스 글의 출처를 밝히고 있지 않다. Butler는 그 글의 출처를 밝히고 있다. p. 672, M113 "Russland und Enfland in Central-Asien," *Russische Revue viii*, pp. 289~368.

[20] 이 점도 그라바르는 카잔스키의 저서를 밝히지 않고 있다. Butler, p. 652, K298의 국제법 교과서일 것이다.

[21] *Materialy*, pp. 13~14.

[22] F. I. Kozhevnikov, 《러시아 국가와 국제법*Russkoe gosudarstvo i mezhdu narodnoe pravo*》, (M. Iurizdat, 1940). p. 134.

4. 앙리 코르디에Henri Cordier

[1] 후술할 코르디에 저서(1924) 이외에 그의 생애에 관해서는 여러 글들이

있다. 특히 다음 3편의 추모사가 특히 참조된다. Auroussau, L., "Henri Cordier(1849~1925), Nécrologie," *Bulletin de l'Ecole française d'Extrême-Orient*, Tome, 25, 1925, 279~286; Pelliot, P. "Henri Cordier(1849~1925)," *T'oung Pao*, Second Series, Vol. 24, No. 1(1925~1926), pp. 1~15; *Ting Chang*, "Crowdsourcing avant la lettre: Henri Cordier and French Sinology, ca. 1875~1925," *L'Esprit Créateur*, vol. 56, no. 3, Fall 2016, pp. 47~60. Pelliot는 위 추도사 p. 1, note 1에 13편의 추도사를 적어놓았다.

2 루이지애나 지역은 프랑스가 1801년 루네빌Lunéville조약으로 스페인 으로부터 할양을 받았고 1803년 미국에 이 지역을 매각하였다.

3 Cordier(1924), p. 1. 이 문제에 관해 펠리오P. Pelliot는 다르게 적고 있다. 코르디에가 1868년 2월에 드뷰르Guillaume François Debure 출판사에 보낸 영문으로 된 짧은 자신의 소개문에 영문으로 자신을 A Bibliomaniac이라고 소개하고 1870년 11월 10일 한 서한에서 다시 이 명칭을 사용하였다고 적고 있다. 그러나 이 서한이 《상해 석간신문》이라고는 쓰지 아니하였다. Pelliot(1925~1926), p. 4.

4 유럽에서 중국 문제가 학문 연구의 대상이 된 것은 19세기 이후의 일이다. 제도적으로는 프랑스가 1814년 콜레주 드 프랑스Collège de France에 "중국과 타르타르-만주의 언어와 문학 강좌Chaire de langues et littératures chinoises et tartare-manchoues"를 설치한 이후였다. 프랑스는 유럽에서 최초로 중국어 회화를 강의한 국가였다. Ting Chang(2016), p. 48.

5 Ting Chang(2016), p. 52.

6 Cordier(1924), p. 1.

7 Cordier(1924), pp. 2~3; Aurousseau(!925), p. 279, note 2.

[8] Aurousseau(1925), p. 280. 그의 여러 직책에 관해서는 Cordier(1924), VII ~VIII 참조.

[9] 호시Alexander Hosie(1876~1912)는 중국 주재 외교관으로 톈진 주재 총영사(1908~1912)를 지낸 바 있다.

[10] Pelliot(1925~1926), p. 1.

[11] Cordier(1924), *Bibliographie des Oevres de Henri Cordier publiée à l'occasion du 75è anniversaire de sa naissance*.

[12] ibid, p. 5.

[13] 30년간 중국 주재 수도원장. 본명은 표트르 이바노비치 카파로프Pyotr Ivanovich Kafarov(1817~1878). 중국어의 러시아어 변환에 관한 규칙을 최초로 마련하였다.

[14] Stanislas Julien(1797~1873). 콜레주 드 프랑스Collège de France에서 40년 이상 중국학 석좌교수를 지낸 중국학의 거두.

[15] 코르디에는 듀 알드에 관해서 가장 방대한 정보를 제공하고 있다. 알드의 조선 지도에 관해서는 김용구(2018), p. 392, 주석 9를 참조할 것.

[16] Martin에 관해서는 김용구(2002, pp. 141~145); 김용구(2008) 참조.

[17] 이하 번호는 원문의 지도 번호를 말한다.

[18] 이 표기는 원문을 따른다.

[19] Berneux, col.1111; Blanc, col.1112~3; Sguette, col.1123~4; Imbrtvol.1133; Petitnicolas, col.1142; Ridel, col.1145~6; Robert, col. 1147.

[21] 김용구(2013), p. 169.

[22] Cordier(1924), p. 22, 23.

[20] ibid, p. 26.

[23] ibid, p. 45.

[24] ibid.

[25] ibid, p. 61, p. 64.

[26] ibid, p. 29.

[27] 서평들의 현황은 ibid, p. 55 참조.

[28] ibid, p. 57 참조.

[29] ibid, p. p. 59 참조. 코르디에의 이들 3책은 당시의 1차자료들에 입각해 서술한 귀중한 업적이다. 다만 문헌목록이 작성되어 있지 않아 아쉽다. 이 저서는 프랑스 자료에 크게 의존했기에 영국 자료에 일차적으로 의존한 모스H. B. Morse의 *International Relations of the Chinese Empire*, 3 vols., 1910~1918와 함께 참조하길 바란다.

[30] Cordier(1924), p. 62. 마르코 폴로의 새로운 판본에 대한 여러 서평을 적어놓았다.

[31] 이들 사건에 관하여는 김용구(2006), pp. 300~303. 코르디에 문서집에 관한 서평에 관해서는 Cordier(1924), p. 67; 김용구(2018), p. 91.

[32] 1912년 3월 11일 적은 제1책 서문. 코르디에는 중국의 경우와는 달리 인도차이나에 관한 연구는 자신의 *T'ouing-Pao* 논문과 사토우E. M. Satow의 인도네시아 문헌에 관한 글을 제외하고는 연구가 전무하다고 토로하였다. 필자의 한국 외교사 연구에 자주 거론한 사토우가 말레이 전문가였다는 것은 새로운 사실이다.

[33] Cordier(1924), p. 96. 《일본 문헌목록》에 관한 서평들을 적어놓았다.

[34] 이들 저서에 대한 자세한 서평은 Cordier(1924), pp. 117~118 참조.

잊혀진 동아시아
외교사 전문가들

5. H. B. 모스Hosea Ballou Morse

1 중국 해관의 赫德 Robert Hart 체재(1863~1906) 기간 해관의 여러 직 책들의 영문과 한자 표기 비교는 《赫德, 金登干函電彙編. 中國海關密檔 1(1874~1877)》(中華書局, 1990), 附錄2, pp. 706~711 참조. 金登干은 Hart 의 친우이자 중국 해관의 런던 주재 주임이었던 Campbell J. M.의 한 자 이름이다.

2 Fairbank J. K., Coolidge M. H. & Smith R. J.(1995), G. B. Morse. *Customs Commissioner and Historian of China*, The University Press of Kentucky. 이 저서는 Fairbank(1995)로 약칭한다.

3 동료 두 명은 중국 근무를 중도에 포기하였다. 계속 중국 해관에 근무 한 모스의 동료는 메릴Merrill H. F.이었다. 메릴은 훗날 한아밀약사건 을 조작한 정신이상자 조선 주재 영국 총영사 베이버Baber E. C.의 후 임으로 조선에 부임하여 한아밀약사건의 진상을 폭로한 바 있다. 김용 구(2018), pp. 145~146.

4 Bowra C.A.V., "Obituary of Morse," Fairbank(1995), pp. 241~242. 이 추도문은 원래 *Journal of the Royal Asiatic Societ*, Part 2(Apr. 1934), pp. 423~430에 발표한 글인데 Fairbank의 위 저서에 전재되었다. Bowra는 Drew를 영국인으로 적었으나 《赫德, 金登干函電彙編. 中國海關密檔》은 미 국인 직원이라고 적고 있다. p. 719.

5 페어뱅크가 모스에 관해 최초로 글을 발표한 것은 1935년 다음의 글일 것이다. "Creation of the Foreign Inspectorate of Customs at Shanghai," *The Chinese Social and Political Science Review, XIX, 4, & XX 1.*

6 모스의 해관 경력에 관해서는 Fairbank(1995), *Appendix A*, pp. 239~240

참조.

[7] Fairbank(1995) pp. 285~299의 모스 저술 목록은 거의 완벽하다. 다만 저술의 제목들을 알파벳 순서에 따라 배열한 점에 유의할 것.

[8] ① Ashley W. J.(1906), *An Introduction to English Economic History and Theory*, ② Unwin G.(1908), *The Gilds and Companies of London*, ③ Atton H. & Holland H. H.(1908), *The King's Customs*. 이에 관해서는 Fairbank(1995), p. 219 참조.

[9] Macgowan D. (1887), "Chinese Guilds or Chamberes of Commerece and Trade Unions," Journal of the North China Branch of Royal Asian Studies, Faibank(1995), p. 219.

[10] Fairbank(1995), p. 220.

[11] 프랑스 정부가 자국의 외교정책을 선전할 목적으로 발표한 외교문서집. 각국의 칼라 북스Colour Books에 관해서는 김용구(2006), 《세계외교사》, pp. 868~869 참조.

[12] 제1책 서문, pp. vii~viii.

[13] 영국의 동인도회사The East India Company trading to China는 1601년에 설립, 1708년에는 영국의 중국 무역을 독점, 1833년에야 그 독점이 종료되었다. 근 125년 동안 영국의 중국에 대한 정치와 외교를 담당한 기관이라고 볼 수 있다. 따라서 이 회사는 방대한 권한을 보유하고 있었다. 사법권, 화폐 주조권, 무역을 보호하기 위한 군사력, 그리고 이런 독점을 위반하는 선박의 나포권을 보유하고 있었다. 자세한 내용은 김용구(2013), 《약탈 제국주의와 한반도》, p. 6 이하 참조.

[14] Fairbank(1995), pp. 215~216.

[15] 제5책 서문, p. v; Fairbank(1995), p. 210.

잊혀진 동아시아
외교사 전문가들

[16] 아모이는 17세기 이후 영국과 네덜란드의 중국 무역을 관장한 최초의 항구.

[17] India Office Macartney Correspondence. *Lord Macartney's Embassy*, 1787~1810, vols. 91~93. Hevia, James L.(1995), *Cherishing Men from Afar. Qing Guest Ritual and the Macartney Embassy of 1793*, Duke U. P. p. 261

[18] Macartney, George(1737~1806)는 러시아 주재 공사(1764~1772), 아일랜드 사무상(1769~1772), 카리브군도 총독(1775~1779)을 역임하였다.

[19] 중국의 부채 상환을 강요하지 말라는 훈령, pp. 243. ③ 부록 I; 죠지 3세가 중국 황제에 보내는 서한, pp. 244~247. ④ 중국 황제의 조지 3세에 보낸 답변, pp. 247~252, ⑤ 매카트니가 광동 총독에게 보낸 서한, pp. 252~254.

[20] 부록 A~F는 제43장 캐스카트 사절단 부록임.

[21] *Journal of the Proceedings of the Late Embassy to China.* London, 1818.

[22] Sketches of China. London, 1841.

[23] 광동 해관 책임자 웨하이관粵海關監督의 외국인 호칭. 김용구(2006), p. 288.

[24] 1698년 영국 국왕은 새로운 동인도회사 설립을 승인해 두 회사 사이에 격렬한 대립이 시작되었다. 1709년에 결국 두 회사의 통합이 결정되었다.

[25] 1740~1798년 공행상인의 목록은 Weng Eang Cheong(1997), *Hong Merchants of Canton*, London, p. 89.

잊혀진 동아시아 외교사 전문가들

2020년 2월 29일 초판 1쇄 발행
2020년 11월 10일 초판 2쇄 발행

지은이　　　　김용구
펴낸이　　　　박혜숙
디자인　　　　이보용
펴낸곳　　　　도서출판 푸른역사
　　　　　　　우) 03044 서울시 종로구 자하문로8길 13
　　　　　　　전화: 02)720-8921(편집부) 02)720-8920(영업부)
　　　　　　　팩스: 02)720-9887
　　　　　　　전자우편: 2013history@naver.com
　　　　　　　등록: 1997년 2월 14일 제13-483호

ISBN　979-11-5612-164-0　93900

• 잘못 만들어진 책은 교환해드립니다.